25 ANOS
autêntica

Copyright © 2023 Marcos Ribeiro
Copyright desta edição © 2023 Autêntica Editora

Este livro foi originalmente publicado em 2009 com o título *Conversando com seu filho sobre sexo* pela editora Academia.

Publicado mediante acordo com a agência literária Mil-Folhas.

Todos os direitos reservados pela Autêntica Editora Ltda. Nenhuma parte desta publicação poderá ser reproduzida, seja por meios mecânicos, eletrônicos, seja via cópia xerográfica, sem a autorização prévia da Editora.

EDITORAS RESPONSÁVEIS
Rejane Dias
Cecília Martins

PREPARAÇÃO DE TEXTO
Lívia Martins

REVISÃO
Lorrany Silva

PROJETO GRÁFICO
Diogo Droschi

DIAGRAMAÇÃO
Guilherme Fagundes

CAPA
Alberto Bittencourt
(sobre imagem de Shutterstock / Studio New Africa)

Dados Internacionais de Catalogação na Publicação (CIP)
(Câmara Brasileira do Livro, SP, Brasil)

Ribeiro, Marcos
  Você conversa com seu filho sobre sexo? Para famílias com crianças de 0 a 10 anos / Marcos Ribeiro. -- 2. ed. -- Belo Horizonte : Autêntica, 2023.

  Bibliografia.
  ISBN 978-65-5928-316-3

  1. Educação sexual para crianças 2. Educadores - Formação 3. Parentalidade 4. Sexualidade - Abordagem educacional 5. Violência sexual I. Título.

23-164633   CDD-613.9507

Índice para catálogo sistemático:
1. Educação sexual 613.9507

Eliane de Freitas Leite - Bibliotecária - CRB 8/841

Belo Horizonte
Rua Carlos Turner, 420
Silveira . 31140-520
Belo Horizonte . MG
Tel.: (55 31) 3465 4500

São Paulo
Av. Paulista, 2.073 . Conjunto Nacional
Horsa I . Sala 309 . Bela Vista
01311-940 . São Paulo . SP
Tel.: (55 11) 3034 4468

www.grupoautentica.com.br
SAC: atendimentoleitor@grupoautentica.com.br

MARCOS RIBEIRO

VOCÊ CONVERSA COM SEU FILHO SOBRE SEXO?

Para famílias com crianças de 0 a 10 anos

2ª edição

autêntica

*A
Jane Duboc,
Margarida Bernardes.
Pela amizade e parceria
nesse caminho
que construímos juntos.

E, afetivamente, a você, que com este livro em
mãos busca uma melhor qualidade de vida para
as crianças, por meio da informação
e da orientação acerca da sexualidade,
parte integrante da vida de todas as pessoas.*

Prefácio | p. 9

Introdução | p. 11

1 **Começo de conversa** | p. 19

2 **Eu não tive essa conversa e estou aqui!** | p. 31

3 **Como a sexualidade do seu filho se desenvolve** | p. 47

4 **A descoberta do corpo** | p. 75

5 **Educando meninos, educando meninas** | p. 85

6 **Perguntas de deixar o cabelo em pé!** | p. 101

7 **Situações delicadas** | p. 113

8 **A influência dos meios de comunicação e outras mídias na sexualidade da criança** | p. 125

9 Violência sexual contra crianças e adolescentes | p. 135

10 Geração camisinha | p. 147

11 Como falar sobre relacionamentos | p. 157

12 Contratempos da educação | p. 167

Referências | p. 177

Agradecimentos | p. 179

Sobre o autor | p. 181

PREFÁCIO

Marcos Ribeiro é uma grande referência na área da sexualidade no Brasil, e este livro, em edição revisada pelo autor, é um guia único para auxiliar pais e cuidadores (mãe, pai, avó, avô, tia, tio ou outro responsável) nas curiosidades ou perguntas das crianças, muitas vezes inusitadas, relacionadas a temas comuns à sexualidade, às quais eles não sabem bem como responder, ficando embaraçados e/ou com receio. Contudo, como defende o autor, quando o assunto é sexo, a melhor opção sempre é o diálogo, pois contribui para estreitar os laços de confiança e de intimidade entre pais e filhos.

Ribeiro proporciona ao leitor um conteúdo amplo, que vai desde como a sexualidade se desenvolve nas distintas fases pelas quais a criança passa – como ela descobre seu corpo, questões inerentes à puberdade, masturbação – até assuntos abrangentes, como relacionamentos afetivos, relações abusivas, *bullying*, violência sexual e camisinha.

Escrita em linguagem acessível e explicativa, esta obra traz sugestões enriquecedoras para que os pais iniciem essa conversa e abordem os temas de maneira natural no dia a dia, sem superficialidade e respeitando a faixa etária de seus filhos, de modo a tornar esse bate-papo prazeroso e de aprendizado mútuo.

Estudos científicos no tema da sexualidade apontam que os filhos querem e esperam que os pais discutam sobre sexualidade com eles; porém, muitos pais receiam que isso possa instigar um interesse nos filhos ou contribuir para erotizá-los. Como o autor destaca, "é um erro pensar que a educação sexual erotiza a criança". Tanto as pesquisas quanto nossa experiência mostram que a iniciação sexual precoce de adolescentes ocorre justamente em decorrência da falta de educação sexual. Os meios de comunicação e as mídias, em geral, exercem grande influência na sexualização das crianças, o que reforça a importância dos pais enquanto educadores sexuais dos seus filhos.

A falta do acesso a essa educação prejudica o desenvolvimento de crianças e jovens, podendo deixá-los vulneráveis e suscetíveis a, por exemplo, contraírem ISTs, a terem uma gravidez não intencional ou a serem vítimas da violência sexual, não desfrutando, assim, de uma sexualidade plena, saudável e feliz.

Conforme Ribeiro observa, é preciso discutir sobre sexualidade com os filhos, e, ainda que não seja uma tarefa simples, tampouco fácil, é necessária para que tenham acesso à informação e possam, por meio disso, conhecer melhor seus corpos, ter suas dúvidas esclarecidas e compreender seus direitos e deveres, de maneira a terem condições profícuas de lidar com a própria sexualidade. Essa discussão se faz indispensável, pois ensina, orienta e prepara para a vida, sendo uma urgência educativa.

Esta é, sem dúvida, uma leitura imprescindível aos pais/educadores. Vale lembrar que se educa pelo que se fala e pelo que se indispõe a falar; sendo assim, que tal nos abrirmos todos a esse diálogo? Este é o convite deste instigante livro: que assumamos o compromisso de propiciar às crianças a discussão sobre sexualidade, colocando-nos disponíveis e sensíveis às necessidades e curiosidades próprias da infância.

Andreza Marques de Castro Leão
Livre-Docente em Educação Sexual pela UNESP – Universidade Estadual Paulista "Júlio de Mesquita Filho", em Araraquara, onde é professora do Departamento de Psicologia da Educação e dos Programas de Pós-graduação em Educação Sexual e Educação Escolar.

INTRODUÇÃO

Sabemos que não é simples começar a falar sobre sexo com nossos filhos. Primeiro, porque muitos de nós não tivemos essa conversa em casa. Segundo, porque não é fácil falar sobre algo considerado delicado e até constrangedor para algumas pessoas.

Mas convenhamos: não podemos adiar uma conversa tão necessária para o desenvolvimento físico, afetivo, social e cognitivo das nossas crianças. Uma hora o primeiro passo terá de ser dado, e este livro está aqui para ajudá-lo. Nele, você vai encontrar informações e reflexões muito importantes para auxiliar nesse bate-papo sobre a educação dos filhos.

Há séculos, tratamos a sexualidade com muita cautela, "pisando em ovos". Ainda hoje, muita gente associa sexo a "sem-vergonhice", "coisa feia" ou "pecado", e existe muito preconceito sobre temas relacionados a sexualidade, diversidade, equidade de gênero, entre outros. Quando a abordagem é com crianças, aí se torna mais difícil realizar o trabalho de educação sexual.

Conversar sobre esse tema é difícil para pais mais conservadores, e mesmo os mais abertos se veem numa saia-justa, sem saber como lidar com algumas perguntinhas que... olha... deixam qualquer um de cabelo em pé!

Imagine as seguintes situações e pense em como você reagiria.

Você está no elevador com seu filho, e ele pergunta:

"Mãe, o que é sexo oral?"

Ou na farmácia:

"Pai, é essa camisinha que você usa com a mamãe?"

Eles nos surpreendem a cada dia, não é mesmo? E, com a curiosidade aguçada a respeito das descobertas, muitas vezes deixam quem está por perto com uma grande interrogação. E agora?

Procurando conversar mais abertamente e tendo atitudes mais positivas sobre a sexualidade, é possível diminuir a distância que possa existir entre vocês. Nesse sentido, nada melhor do que um bom diálogo. E é esse diálogo que procuramos estimular com esta obra. Nossa proposta é que você tenha um guia na sua mesa de cabeceira, aquele livro que, num momento ou outro, você pode abrir porque sabe que encontrará a resposta para a sua dúvida.

Vale destacar que a importância deste livro encontra voz na Organização Mundial da Saúde (OMS), que reconhece a sexualidade humana como um dos indicadores de qualidade de vida:

> A sexualidade humana forma parte integral da personalidade de cada um. É uma necessidade básica e um aspecto do ser humano que não pode ser separado de outros aspectos da vida. A sexualidade não é sinônimo de coito e não se limita à presença ou não do orgasmo. Sexualidade é muito mais do que isso. É energia que motiva encontrar o amor, contato e intimidade, e se expressa na forma de sentir, nos movimentos das pessoas e como estas tocam e são tocadas [...]. A sexualidade influencia pensamentos, sentimentos, ações e integrações, portanto, a saúde física e mental. Se saúde é um direito humano fundamental, a saúde sexual também deveria ser considerada como direito humano básico. A saúde mental é a integração dos aspectos sociais, somáticos, intelectuais e emocionais de maneira tal que influenciem positivamente a personalidade, a capacidade de comunicação com outras pessoas e o amor (OMS, citada por Egypto, 2003, p. 15-16).

Da mesma forma, a Organização das Nações Unidas (ONU) no Brasil traz, entre os Objetivos de Desenvolvimento Sustentável (ODS), propostas e ações para a melhoria da qualidade de vida e para uma sociedade mais igualitária, contribuindo também para que possamos atingir a Agenda 2030. Nesse sentido, a sexualidade se integra a essas ações por fazer parte prioritária da identidade individual e social de cada pessoa.

Ao longo do processo de escrita, busquei estar em consonância com os ODS, e destaco, abaixo, aqueles que se relacionam mais diretamente com a proposta de *Você conversa com seu filho sobre sexo?*.

▶ **Saúde e bem-estar**

3º OBJETIVO: assegurar uma vida saudável e promover o bem-estar para todas e todos, em todas as idades.

▶ **Educação de qualidade**

4º OBJETIVO: assegurar a educação inclusiva e equitativa de qualidade e promover oportunidades de aprendizagem ao longo da vida para todas e todos.

▶ **Igualdade de gênero**

5º OBJETIVO: alcançar a igualdade de gênero e empoderar todas as mulheres e meninas.

▶ **Redução das desigualdades**

10º OBJETIVO: reduzir a desigualdade dentro dos países e entre eles.

Assim como a OMS e a ONU descrevem em suas metas e objetivos, respectivamente, este livro busca contextualizar e trazer para o centro da discussão a educação sexual e o direito à informação através da orientação em casa e do trabalho pedagógico na escola. Não podemos atender ao pedido nas "entrelinhas" de que a sexualidade não seja uma conversa para o dia a dia das famílias e tampouco um tema que não possa ser discutido na escola.

Mas, antes de avançarmos, deixe-me explicar dois pontos. Para simplificar a leitura...

1. Quando me refiro a "pais", estou me dirigindo a quem é responsável pela educação da criança, independentemente do gênero, ou de quem a cria, que pode, inclusive, estar numa instituição. Ou seja, estou me referindo às famílias.
2. Por uma questão de praticidade, optei por escrever "filho" ou "aluno", mas leia sempre "filho(a)" ou "aluno(a)".

Um último lembrete: esta obra pode ser uma ferramenta importante, mas nada substitui ou se compara à presença dos pais em todas as etapas do desenvolvimento da criança!

Boa leitura!

Não podemos adiar
uma conversa tão necessária
para o desenvolvimento físico,
afetivo, social e cognitivo
das nossas crianças.

Foto: mego-studio/Freepik

CAPÍTULO 1

Começo de conversa

Conversando com os pais

"Homem já nasce sabendo!"
"Minha princesinha é muito novinha para aprender essas coisas."
"Eu não tive educação sexual e estou aqui."

É provável que você já tenha ouvido ou até mesmo falado algumas dessas frases. Os pais nunca acham que os filhos cresceram o suficiente quando o assunto é sexo, mesmo que seus pimpolhos estejam na adolescência. Mas chega uma hora em que não podemos mais adiar a conversa – independentemente de ser com o menino ou a menina –, em que temos que parar de empurrar a poeira para debaixo do tapete.

O conhecimento a respeito do próprio corpo e da sexualidade é muito importante para o desenvolvimento físico, afetivo, cognitivo e social da criança. E, para passar essas informações, é necessário haver abertura ao diálogo em casa. Um bom começo é conversar com o outro. Como assim? Conversem entre si, tirando suas dúvidas a partir da leitura deste livro.

Sugiro o seguinte "treinamento": façam perguntas e as respondam entre vocês. Essa atividade lúdica pode ser bem interessante e, mais do que isso, pode levá-los a conhecer o que cada um pensa a respeito do tema!

Caso você seja o único responsável pela educação da criança, procure também conversar com outras pessoas que criam os filhos sozinhas, para que possam dividir a experiência. O aprendizado de um poderá contribuir muito positivamente para o do outro.

Caso você não seja a única pessoa responsável, dialogue com seu parceiro ou parceira. Isso vai ajudá-los a ter o mesmo discurso. Empurrar um para o outro, dizendo "fale com a sua mãe!" ou "seu pai é quem resolve!", com certeza não contribui em nada e só dificulta o aprendizado. No entanto, conhecendo melhor um ao outro e sabendo o que pensam sobre o assunto, vocês vão descobrir qual o melhor caminho para a educação sexual do seu filho. O que se deve evitar é transformar o tema num cabo de guerra, em que cada um puxa a corda a seu favor.

Procurem ficar atentos à sexualidade de seus filhos e ao que estão perguntando. Esse é um momento importante de aproximação, de formação de vínculo e de mostrar que, na sua casa, o assunto pode ser conversado naturalmente.

A educação sexual – em casa e na escola – é um processo contínuo, e a cada dia estamos aprendendo e tendo a chance de rever o que foi feito como não deveria, para corrigirmos lá na frente. Guimarães Rosa, em *Grande Sertão: Veredas,* escreveu que "mestre não é quem sempre ensina, mas quem, de repente, aprende". Esse pensamento aplicado dentro da nossa casa significa que, se essa relação é aberta, os filhos também ensinam e contribuem satisfatoriamente para o crescimento dos pais.

Mas apenas informar não basta! É fundamental também ter uma atitude positiva em relação ao sexo, de forma que, desde pequenas, as crianças percebam a sexualidade como algo bonito e prazeroso. Sendo educadas desse jeito, elas terão mais chances de crescer tendo uma vida afetiva e sexual mais tranquila, saudável e sem tabus.

A gente sabe que o comportamento sexual mudou muito nas últimas décadas. Essas mudanças deixaram os pais perdidos, porque muitos fazem parte de uma geração em que tudo era proibido.

E, agora, tudo pode! Deparam-se com uma liberdade que a cada dia começa mais cedo. Some-se a esse turbilhão a internet, que aproxima a criança de um mundo que talvez teria sido apresentado mais tarde. Com isso, ficam na dúvida: não permitir nada e não falar sobre o assunto ou "liberar geral"?

A resposta, para mim, é simples: nem uma coisa nem outra. Use o bom senso, respeite os seus valores e vá "digerindo" a ideia aos poucos. Não precisa ter tanta pressa assim. Numa época de transição como a que estamos vivendo, construir um pensamento sobre os valores sexuais é muito difícil, porque o que é errado num momento pode ser absolutamente normal em outro. Então é muito difícil ter um consenso. Quando o assunto é sexo, até numa mesma família é difícil encontrar todos os membros pensando do mesmo jeito. Por isso, buscar uma base de valores em casa é fundamental. É essa educação pautada na ética, nos valores, no respeito por si e pelo outro, no princípio da igualdade entre as pessoas, sem preconceito ou discriminação, que vai caminhar com seu filho para a vida toda.

A educação sexual vai permitir que a criança conheça o próprio corpo, saiba cuidar dele e aprenda a se proteger desde pequena, o que é fundamental para a prevenção da violência sexual infantil. A ignorância, no sentido de ignorar o assunto, nunca foi a melhor aliada da prevenção.

Além disso, é importante perceber a igualdade entre meninos/homens e meninas/mulheres, sem vantagens e/ou privilégios para um ou outro. E isso se aprende com os pais, desde os primeiros anos de vida, com os exemplos dentro de casa – assim como o carinho e a proteção –, fundamentais para o bom desenvolvimento da afetividade. Muitas vezes não é preciso falar, a atitude representa mais do que qualquer palavra e fica registrada no inconsciente. Esse aprendizado continua nos anos seguintes, com a vivência social escolar, com toda a experiência com os professores e os colegas, em todas as suas diferenças.

A história a seguir, amplamente divulgada na internet, cuja autoria, apesar de todos os esforços, não consegui descobrir, traduz bem o que quero dizer:

Nó de afeto

Em uma reunião de pais, numa escola da periferia, a diretora ressaltava o apoio que os pais devem dar aos filhos, pedia-lhes também que se fizessem presentes o máximo de tempo possível.

Ela entendia que, embora a maioria dos pais e mães daquela comunidade trabalhassem fora, deviam achar um tempinho para se dedicar e entender as crianças.

A diretora ficou muito surpresa quando um pai se levantou e explicou, com seu jeito humilde, que não tinha tempo de falar com o filho, nem de vê-lo durante a semana, porque, quando saía para trabalhar, era muito cedo, e o garoto ainda estava dormindo. Quando voltava do serviço, já era muito tarde, e ele não estava mais acordado.

Explicou, ainda, que tinha de trabalhar assim para prover o sustento da família, mas que isso o deixava angustiado por não ter tempo para o filho; e que tentava se redimir, indo beijá-lo todas as noites quando chegava em casa.

Para que o garoto soubesse da sua presença, ele dava um nó na ponta do lençol que o cobria. Isso acontecia religiosamente todas as noites quando ia beijá-lo. Quando o filho acordava e via o nó, sabia que o pai tinha estado ali e o havia beijado. O nó era o meio de comunicação entre eles.

A diretora emocionou-se com aquela singela história e ficou surpresa quando constatou que o filho desse pai era um dos melhores alunos da escola.

(Autor desconhecido)

"Nó de afeto" nos faz refletir sobre as muitas maneiras de as pessoas se fazerem presentes, de se comunicarem com as outras.

Aquele pai encontrou a sua, que era simples, mas eficiente. E o mais importante: o filho percebia, através do nó afetivo, o que o pai estava lhe dizendo.

Algumas orientações aos pais

- Procure conversar primeiro entre vocês: como foi a educação sexual de cada um na infância? Para quem não teve essa conversa, não teria sido melhor se esse assunto tivesse sido discutido em casa?
- Quais são as dificuldades de falar sobre sexo com os filhos? Quando os pais conversam, não só a educação da criança tende a melhorar, mas o próprio relacionamento em casa também, porque passam a compreender melhor o que pensam e a respeitar os próprios limites e os do outro.
- Existe o medo de que, informados, os filhos possam ter relações sexuais precocemente? Posso garantir a você que isso não vai acontecer. Pesquisas mostram que crianças que conversam sobre sexo com os pais são mais responsáveis e tendem a ter o início da vida sexual adiado, quando já se sentem mais amadurecidas.
- Como estão percebendo a sexualidade das crianças? Elas já estão perguntando? Estão muito curiosas? Se realmente está difícil, treine entre vocês: um faz a pergunta, como se fosse o filho, e o outro responde. Esse pode ser um ótimo exercício.
- Procure a ajuda de uma pessoa próxima. Nos momentos de dúvidas, dividir com alguém e buscar outra opinião pode ser importante. Procure ler um livro infantil a respeito do tema, observe a linguagem utilizada e como o assunto é abordado. Isso pode ajudar muito.

Motivos para se falar sobre sexo em casa

- A informação ajuda a conhecer o próprio corpo e a própria sexualidade, a rever informações erradas, a desfazer alguns mitos e, com isso, a cuidar melhor de si e da saúde.

- Aumenta a autoestima, a afetividade e a empatia, esta sempre necessária em situações de preconceito e discriminação contra quem está próximo ou é da convivência da criança.
- Auxilia na autoproteção: a diferenciar carinho e afeto do que é abusivo, a não permitir ser tocado em partes íntimas e a buscar auxílio se essas situações ocorrerem.
- A informação e a troca de ideias possibilitam que, desde cedo, possam entender que diferença não significa desigualdade, e, com isso, passem a respeitar as pessoas, independentemente de credo, raça, etnia, origem social e orientação sexual.
- Melhora o espaço de convivência em casa, porque entendem que o assunto é tratado "numa boa", com naturalidade em sua família – e é assim que precisamos perceber a sexualidade, como algo natural da vida de todos nós.
- Colabora para que o início da vida sexual seja feito com cuidado e responsabilidade, o que significa prevenção e escolhas mais assertivas.
- E, principalmente os meninos, aprendem desde cedo que NÃO É NÃO!

Para começar a conversar com seu filho sobre sexo, você tem que buscar sua maneira de dialogar, de acordo com a sua realidade e crenças, não se esquecendo, no entanto, no caso de famílias religiosas, de que não se deve misturar religião e ciência. O ideal é que se abra um espaço para a informação e para a troca, com uma boa escuta ao que a criança também tem a dizer. Dialogar é dar oportunidade para essa troca, mesmo que o filho seja pequeno.

"De onde vêm os bebês?"
"Como eu nasci?"
"Como eu fui parar na barriga da mamãe?"

Essas são algumas das primeiras curiosidades dos pequenos; e, quando eles têm um bom retorno dentro de casa, tendo suas dúvidas esclarecidas, percebem que esse assunto é natural, que, quando surgirem outras dúvidas, terão nos pais *pessoas perguntáveis*.

Esse vínculo de confiança é muito importante para que tenham um desenvolvimento sadio, num ambiente seguro. Além disso, perceberão que sexo não é "sem-vergonhice", "coisa feia" ou "pecado" – sim, ainda hoje, muita gente pensa dessa forma e educa suas crianças com essa visão.

O importante é ser natural

É fundamental que você seja natural com seu filho em relação à sexualidade, pois a espontaneidade faz parte do universo infantil.

Por exemplo, a criança, ao nascer, age com total naturalidade; em algumas creches, é comum as crianças tomarem banho juntas; ou, em casa, fazerem a maior algazarra debaixo do chuveiro, sem consequências negativas para elas. Somos nós, os adultos, que muitas vezes construímos uma visão distorcida do corpo e da sexualidade.

Se temos como preocupação que elas tenham bons hábitos e respeitem o próximo, também não podemos nos esquecer da sexualidade, tão importante para um desenvolvimento saudável.

"Está pensando que é fácil, Marcos?"

Claro que não! Sei que é difícil, principalmente para quem, na infância, não teve oportunidade de conversar sobre esse assunto em casa; mas, como temos visto aqui, precisamos mudar essa forma de ver as coisas.

"Falar é fácil, fazer é que é difícil!"

É verdade. Mas também é verdade que, se você começar a conversar com seu filho com a mesma tranquilidade de quem fala das notas do colégio, dos amigos da escola ou de tantas outras coisas do dia a dia, mesmo sem notar, já estará dando o primeiro passo. Aliado a isso, você também precisa ficar atento àquelas atitudes que, muitas vezes, passam mais mensagens do que as próprias palavras.

É possível que, nas tentativas de conversa, você tenha reações como as do tempo dos nossos avós. Mas isso também faz parte do aprendizado, não se culpe!

A principal dica é: naturalidade!

Ainda hoje...

- Muitos pais repreendem seus filhos por se tocarem.
- Educam de forma diferenciada meninos e meninas, geralmente dando mais privilégios para os primeiros.
- Fazem comparações entre os filhos.
- Fogem das perguntas sobre sexo.
- Incutam medos desnecessários.
- Não incentivam as habilidades naturais dos filhos, ignorando ou menosprezando o fato de que cada pessoa é de um jeito e que os gostos e as escolhas nem sempre são os desejados e planejados pelos pais.

Atitudes como as descritas acabam sendo comuns. Se pelo menos forem compensadas com atitudes positivas e carinho, menos pior. Mas a repetição frequente pode trazer problemas muito danosos, desde baixa autoestima até insegurança e dificuldade em tomar decisões.

Cotidianamente, age-se com os filhos a partir de experiências ruins vivenciadas na própria infância. Isso acontece e é repetido em momentos de estresse ou em situações em que os pais perdem o controle e não conseguem impor limites. Tais agressões nunca surtem o efeito pretendido. Vejamos algumas:

- Comparativas: "Olha o exemplo do seu irmão. Ele já acabou de comer e você continua aí!".
- Depreciativas: "Você nunca faz nada direito!".
- De dependência: "Eu sou a única pessoa com quem você pode contar na vida!".

Se uma criança as ouve com frequência, acaba assimilando e passa a acreditar que é mesmo incapaz. Agressões assim, além de, como já dissemos, comprometerem a autoestima e a autoconfiança, acabam criando fortes barreiras.

Sempre ouvimos falar que "palavra tem força". E é verdade. Muitas das coisas que falamos para nossos filhos ficam gravadas em suas mentes e passam a fazer parte de suas histórias. E acrescento: além de prestar atenção ao que dizemos, precisamos cuidar da nossa linguagem corporal, das nossas atitudes e, até mesmo, da entonação do que está sendo dito. É esse "conjunto" do nosso comportamento que vai construir o imaginário da criança.

Foto: Freepik

CAPÍTULO 2

Eu não tive essa conversa e estou aqui!

Falar de sexo é mesmo necessário?

Quando não conversamos com nossos filhos, as dúvidas deles não evaporam. Então, vão buscar respostas com outras pessoas, em outros ambientes, que podem ser inclusive virtuais, sem garantia de que encontrarão pessoas "do bem" ou bem-informadas. A informação protege e traz mais segurança na hora das escolhas – até mesmo no momento de dizer NÃO! –, além de diminuir a ansiedade, o medo e a dificuldade de conversar a respeito do tema.

Ou seja, quando a conversa sobre sexo acontece naturalmente em casa, você está fazendo com que o seu filho seja mais maduro na hora das escolhas, que desenvolva uma opinião própria sobre o assunto a partir de informações corretas e que não se deixe influenciar tanto pela cabeça dos amigos.

Todo esse aprendizado e confiança são pilares importantes para o desenvolvimento da autoestima e de outras etapas da vida, como a entrada no mercado de trabalho, por exemplo, porque traz segurança, capacidade de tomar decisões assertivas quando necessárias, além de preparo para o relacionamento com os outros. É a lei do retorno: quanto mais amor se dá para eles, mais eles "devolvem" externando esse amor.

"Mas eu não tive educação sexual quando criança e não tive dúvidas!"

Será que, pelo contrário, se você tivesse tido esse espaço de conversa não teria vivenciado melhor alguma experiência? Não teria sido menos difícil passar por algumas angústias, medos e ansiedades?

Como e quando falar

Naturalidade, como já dito anteriormente, é a palavra-chave. É importante passar para seu filho, logo no início da conversa, que a sexualidade é algo natural e prazeroso e que ele não precisa sentir culpa ou vergonha de perguntar. A regrinha é básica: quem não pergunta não aprende, quem não aprende deixa de viver melhor.

Não há uma idade "certa" para começar. Certamente seu filho vai sinalizar o início quando chegar com a primeira pergunta: esse é o momento, mesmo que você o considere novinho demais. Idade para perguntar é idade para se ter a resposta!

Mas não é só conversar; é importante que a educação sexual – em casa ou na escola – esteja pautada na ciência, nos direitos humanos e na equidade de gênero. Também não podemos deixar de falar sobre prevenção, respeito às diferenças, combate à misoginia, à LGBTIfobia e ao racismo. Então, sempre que puder, aproveite as oportunidades de ir introduzindo esses tópicos.

Algumas dicas úteis

1 LINGUAGEM CORPORAL

Como já vimos, a linguagem corporal é tão importante quanto o jeito e a naturalidade com que se fala. O corpo fala. Não adianta dizer que sexo é uma expressão natural se o rosto mostra desconforto ou constrangimento. A criança vai assimilar muito mais o discurso não verbal (ou seja, a linguagem do seu corpo) do que o que está sendo dito.

2 FAÇA O QUE EU DIGO, MAS...

Não adianta falar de um jeito e agir de outro. Você já viu cenas em que a mãe diz para o filho não gritar e depois começa a discutir com o marido? Ou o pai que apregoa aos quatro cantos que naquela casa todos são iguais, mas ele não "arreda o pé" para dividir o trabalho doméstico com a esposa? Como alerta a educadora americana Dorothy Law Nolte: "Os pais podem ensinar certos valores, mas as crianças absorvem o que é transmitido pelo comportamento, pelos sentimentos e pelas atitudes" (NOLTE; HARRIS, 2009, p. 13).

3 UMA QUESTÃO DE POSTURA

Procure sempre ter uma postura positiva diante do assunto. É observando-a que a criança construirá sua visão da sexualidade.

4 ATENÇÃO ÀS PERGUNTAS

Fique atento ao que o seu filho pergunta. Procure descobrir o que ele já sabe sobre o assunto e depois complemente, se for o caso. Agindo assim, você também vai contribuir para o desenvolvimento do pensamento dele. Outra coisa: algumas vezes a criança já sabe a resposta, mas vai testar os pais para ver se eles vão responder ou enrolar e dizer "depois a gente conversa".

A piadinha a seguir traduz bem o que quero dizer:

> O garoto pergunta à mãe:
> "De onde eu vim?"

> A mãe, aproveitando o momento, dá uma aula sobre sexo, fala de relacionamento, reprodução, etc. Fala sem parar. No final, pergunta:
> "Entendeu, filhote?"
> O garoto, espantado, responde:
> "Mais ou menos, eu só queria saber de onde eu vim porque meu colega da escola veio de Botucatu e eu não sei..."

Que tal esta?

> O menino, com um papel na mão, pergunta ao pai:
> "O que é sexo?"
> O pai, depois de mil rodeios, fala sobre sexualidade, da importância do desenvolvimento sexual e até sobre genética ele inventa de falar. Meu Deus!
> Depois, pergunta ao filho:
> "Entendeu tudinho?"
> O menino, sem saber o que responder, diz:
> "Entendi. Só não sei como vou colocar tudo isso aqui."
> Ao pegar o papel da mão do filho, lê:
> FICHA ESCOLAR
> SEXO: ( ) MASC.   ( ) FEM.

5 ADEQUE A LINGUAGEM

Cada região tem seus termos e expressões para se referir aos órgãos sexuais. Não invente nem fale palavras que não sejam habituais: vai soar falso! Para facilitar, use primeiro a expressão comum, que seu filho usa e, depois, os termos científicos para ele ir se acostumando.

Exemplo:

Quando falar do órgão sexual da mulher, você pode falar "xoxota", "pepeca"... Mas depois explique que o nome correto é "vulva". E, ao se referir ao do homem, não há problema em dizer "pinto", "cacete", desde que, depois, não se esqueça de dizer que o nome é "pênis".

Começar falando do jeito que eles entendem facilita muito a conversa, aproximam-nos mais e é ótimo para quebrar o gelo.

6 DEPOIS EU TE RESPONDO...

Nada de deixar para o dia seguinte ou enrolar e não responder. Seja objetivo, sucinto, se for o caso, mas dê uma resposta. Se não souber, diga que não sabe e que vai se informar primeiro. Mas não se esqueça de buscar a resposta e nem demore dias.

Se você simplesmente se "esquecer", seu filho perceberá que entrou num "espaço delicado", que sexo naquela casa não é um assunto tratado com naturalidade e que, muito pelo contrário, é algo que traz vergonha ou é considerado feio, sujo e pecaminoso. Isso não é bom. E ele vai acabar indo sanar a dúvida com outras pessoas ou na internet. Todo cuidado é pouco!

7 SEJA SINCERO

Seja sempre sincero. Se mentir, seu filho, mais cedo ou mais tarde, vai perceber que não dá para conversar com você sobre o assunto. Adianta alguma coisa? Claro que não! E você vai acabar perdendo a credibilidade.

8 RESPONDA AO QUE FOI PERGUNTADO

Responda exatamente ao que seu filho perguntou, sem aproveitar o momento para dar uma aula de sexo ou de ciências.

Exemplo:

"Pai, por que seu pênis é maior que o meu?"

"Porque o papai é maior que você. Assim como meus braços e minhas pernas são maiores, o meu pênis também é."

Mais importante do que a resposta, é seu filho perceber que é possível conversar sobre sexo com você. Quando tiver outra dúvida, é com os pais que ele vai buscar o esclarecimento.

9 OUÇA

Esteja pronto para ouvir. Mesmo que pareça uma "bobagem", é sinal de que você valoriza a fala dele.

O fato de estar atento ao que ele tem a dizer, aqueles minutos que você "perde" com ele ou os elogios que faz àquele desenho malfeito têm um significado muito especial.

10 CEGONHAS...

Dizer que foi a cegonha quem o trouxe ou que papai colocou uma sementinha na barriga da mamãe pode ser romântico, mas é irreal. Não nos cabe educar, hoje, crianças com essas fantasias.

Quando os pais criam respostas "fantásticas", os filhos criam fantasias que dificultam o entendimento da realidade e impedem que conheçam o seu corpo e tenham como protegê-lo.

Professores que trabalham na educação infantil relatam casos em que a criança fica imaginando que a mãe tem uma planta crescendo dentro dela. Agora me diz: isso é bom pra quem?

11 ESSA É UMA CONVERSA PARA PAI E MÃE

Tradicionalmente, a educação da criança sempre coube à mãe, e o sustento da casa, ao pai. Mas essa é uma visão distorcida do papel do homem e da mulher na sociedade e na família. Os modelos de família mudaram muito ao longo das décadas, e, há muito tempo, com a formação de novos vínculos afetivos, como as famílias homoafetivas, não há mais uma composição familiar tradicional.

Por isso, é importante que a criança possa conversar abertamente, seja com o pai e a mãe, com os dois pais, com as duas mães ou com quem as cria.

12 INDIQUE UM LIVRO

Para facilitar a conversa, dê um livro sobre sexo para o seu filho. Mas lembre-se de que nada substitui a relação e a conversa entre vocês. Outra dica é vocês irem a uma livraria e juntos escolherem um livro, de acordo com a faixa etária dele e com conteúdos que você aprova. Existem muitos livros interessantes no mercado.

A melhor maneira de falar

Vamos ler duas cenas da peça teatral *Mamãe, como eu nasci?* (ABC Teatral, [s.d.], [s.p.]), em cartaz há alguns anos em teatros do Brasil e do exterior, baseada em um livro homônimo de minha autoria.

Cena 1

MENINO: E aí, pai? Essa explicação sai ou não sai?

PAI: Tinha que sobrar pra mim...

MENINO: É tão difícil assim me explicar como é que nascem os bebês? Vou acabar tendo que aprender na rua!

PAI: (Assustado) Não será necessário. Presta atenção. Tudo começa com um homem e uma mulher...

MENINO: Sei. Mas como é que a coisa funciona?

PAI: Você vai entender quando conhecer de perto o corpo do homem e da mulher.

(A mãe entra e começa a olhar os papéis que estão pelo chão)

MENINO: O dele eu já conheço. Vamos ao dela.

PAI: É diferente do corpo do homem, entende?

MENINO: Novidade...

PAI: Assim fica difícil...

MÃE: Deixa que eu explico. (Começa a ler o texto que pegou no chão) O sistema reprodutor feminino é formado pelos órgãos genitais externos e internos. (Não entende e vai olhar a figura que está na tela do computador) Os externos são denominados vulva.

MENINO: Vulva? Parece nome de carro...

MÃE: (Para ela mesma, lendo) Os internos são a vagina, o útero, os ovários e as trompas de falópio.

MENINO: Trompas de falópio? (Para o público) Geografia agora?

MÃE: Os ovários produzem óvulos e hormônios... Como é que eu vou explicar?

PAI: Deixa eu tentar (Com outro texto na mão, pigarreia e começa a ler). O sistema reprodutor masculino também é formado por órgãos genitais externos e internos. Pênis, próstata, testículo, bexiga, uretra.

MENINO: Cada nome que eu vou te contar...

PAI: O pênis é... como direi... aquele que faz xixi...

MENINO: (Em dúvida) Você tá falando do pinto?

PAI E MÃE: (Entre sem jeito e rindo amarelo) ...É o pinto... (Encontra o olhar encorajador da mãe e continua a explicação para ela) Os testículos produzem os espermatozoides... (O menino boceja) O sêmen é o líquido que o homem libera na hora da ejaculação...

MENINO: (Fazendo cara de tédio)

PAI: Acho que não estamos dando o menor ibope...

MENINO: Pode apostar. Se vocês dão essa volta toda pra falar dos bebês, imagina o que não vão inventar quando eu quiser saber o que é sexo!

PAI E MÃE: (Espantadíssimos) Sexo?!?

MENINO: Nunca ouviu falar?

MÃE: Outra hora! Agora tô atrasada pro médico!

MENINO: (Desperta) Médico pra quê? Tá doente?

MÃE: Vou saber como é que anda a sua irmãzinha.

MENINO: Essa eu não posso perder!

PAI: E eu? Vai me deixar aqui sozinho?

MENINO: Aproveita pra estudar mais um pouquinho pra ver se melhora essa explicação!

Cena 2

(...E o menino entrando na casa da avó)

AVÓ: Entra, amoreco! A casa é sua!

MENINO: (Dramático) Estou desesperado, vó. Só você pode me ajudar.

AVÓ: Fala. Tem coisas que só uma vó pode resolver.

MENINO: Como é que um bebê vai parar na barriga da mãe?

AVÓ: Já ouviu falar em sexo?

MENINO: (Descobrindo a pólvora) Sabia!

AVÓ: As pessoas que se amam gostam de fazer amor. Os corpos se enlaçam, se misturam e eles sentem prazer um com o outro. Nessa hora, o homem deixa escapar dentro do corpo da mulher um líquido chamado sêmen, que contém milhares de espermatozoides. Todos loucos para encontrar um óvulo e juntos gerarem uma nova vida.

AVÓ: Um deles é escolhido. E, quando eles se encontram...

AVÓ: É assim que a vida começa. Quando o espermatozoide entra no do óvulo e juntos eles se transformam em ovo, que vai morar na barriga da mamãe durante nove meses.

MENINO: Onde foi que a senhora aprendeu isso, vó?

AVÓ: Como você acha que a sua mãe nasceu?

MENINO: Do vovô e da vovó!

AVÓ: Foi assim que aconteceu com todo mundo: com você, com a vovó, com o papai, com a sua irmãzinha...

MENINO: E como é que esse ovinho vira uma criança que nem eu?

AVÓ: Todo mês ele cresce um pouquinho.

As cenas nos apresentam duas formas de falar sobre sexo e como é importante a naturalidade na abordagem do tema. Enquanto, na cena 1, os pais têm dificuldade e transformam o assunto num imbróglio sem fim, a avó, na cena 2, consegue explicar de forma simples e sem tabus como são feitos os bebês.

Quando um é mais liberal que o outro

Essa diferença pode ser saudável para a criação dos filhos. Quando percebem opiniões contrárias, podem aprender a lidar com pensamentos diversos, o que é interessante até mesmo para construírem os seus conceitos. Mais tarde, esse aprendizado será importante para a própria autonomia.

Mas isso não significa que os pais não devam conversar entre si. É importante que essa divergência não se transforme numa briga diante deles ou numa disputa de quem é o melhor ou está certo, pois assim eles são colocados no meio de um fogo cruzado, ficando sem saber a quem ouvir e mais confusos. É preciso haver coerência, sem que um parceiro desautorize o outro.

Criação pelos avós

A convivência com os avós pode trazer grandes benefícios, além de serem pessoas de confiança. Como eles não têm o "compromisso" de educar, a educação da criança pode fluir mais livremente, com uma flexibilidade maior.

Apesar disso, os pais vivem reclamando que os avós estragam as crianças, que desautorizam tudo, que a avó é a "mãe com açúcar"... Mas se a situação for bem administrada, com os limites necessários impostos e uma conversa clara entre todos, as crianças só têm a ganhar!

Sabe o que é também muito importante nessa história? O contato com pessoas mais velhas ensina os mais novos a respeitarem os idosos e as diferenças. Esse é um ganho muito positivo, principalmente numa sociedade que desrespeita as pessoas da terceira idade, fazendo-as se sentir inúteis e improdutivas.

Como os avós costumam elogiar e mimar muito os netos, a autoestima dos pequenos pode ficar mais fortalecida, favorecendo a confiança em si. Os excessos, pai e mãe podem dosar.

O médico americano Arthur Kornhaber diz que os avós amam incondicionalmente. Esse amor sem as obrigações que pai e mãe também têm é importante para a criança, que se sente protegida por outro "vínculo seguro".

Em relação à educação sexual, tem sido cada vez mais frequente os netos procurarem os avós para conversarem – igual àquela cena da peça de teatro. É que, por parte dos avós, geralmente não existe cobrança ou julgamento, comuns na relação entre pais e filhos. Dessa forma, eles podem ter o papel de coeducadores, sem problemas.

Em casos assim, a que precisamos ficar atentos? Por serem de gerações diferentes, os avós podem não entender ou se dar conta de que o neto vive em outra época, numa realidade diferente da do "seu tempo", e sua fala pode refletir isso. Mas quando eles compreendem o que se passa na cabeça da criança (lembrando como seria melhor se tivessem tido essa conversa), todos se beneficiam.

Pais, filhos e avós: os benefícios de conviverem

Como os pais se sentem:
- Que seus filhos ficam próximos a alguém de confiança.
- Que podem dividir as dúvidas e estabelecer trocas pela educação dos filhos.
- Com o vínculo familiar fortalecido.

Como as crianças se sentem:
- Mais autoconfiantes e com maior autoestima.
- Com o vínculo familiar fortalecido – importante para o desenvolvimento afetivo e para a formação de identidade.
- Protegidas, mesmo com os pais ausentes por estarem, por exemplo, trabalhando.

Como os avós se sentem:
- A convivência com os mais jovens traz de volta a alegria e os afasta da depressão (comum nos idosos).
- Úteis e produtivos novamente.
- O carinho e a atenção dos netos produzem um bem-estar enorme, o que é muito benéfico para a saúde.

Quando a conversa sobre sexo acontece naturalmente em casa, você está fazendo com que o seu filho seja mais maduro na hora das escolhas, que desenvolva uma opinião própria sobre o assunto a partir de informações corretas e que não se deixe influenciar tanto pela cabeça dos amigos.

Foto: Freepik

CAPÍTULO 3

Como a sexualidade do seu filho se desenvolve

De 0 a 2 anos de idade

As primeiras descobertas sexuais

A afirmação de que sexo é coisa de gente grande vem da ideia que se teve, durante muitos anos, de que a criança é um ser assexuado, de que não tem nenhuma manifestação de sexualidade. E sabemos que não é verdade.

A sexualidade é uma energia que traz bem-estar. Na infância, não está ligada à vida sexual, à iniciação sexual, que estão no contexto erótico do adulto. A busca pelo bem-estar está presente desde que somos bebês, e vai se manifestar de formas diferentes em cada faixa etária.

Na infância, há um interesse por entender o corpo, os seus movimentos, os sentimentos e as emoções, sejam eles prazerosos ou de insatisfação. Tudo isso faz parte do desenvolvimento natural e sadio da sexualidade.

A figura dos pais nesse momento é fundamental para a formação de alicerces (quando a criança não tem pai ou mãe biológicos, muitas vezes esse papel é exercido pelos avós ou por quem a cria). Se, desde os primeiros anos de vida, a criança é educada em direção a uma relação saudável com seu corpo, maiores serão as chances de desenvolver a sexualidade de forma prazerosa e sem traumas.

Para saber um pouco mais sobre o bebê

Do nascimento até 1 ano e meio de idade, em média, é o período em que ocorre um significativo desenvolvimento intelectual e emocional da criança. O grau de relação que se estabelece desde cedo com os pais, com cuidados adequados e atenção, vai ser fundamental para uma vida emocional sadia. Uma relação inadequada, com falta de proteção e carinho, certamente será sentida mais tarde, fazendo com que se torne um adulto inseguro, dependente e carente.

O comportamento sexual inadequado, que pode ocorrer na adolescência ou na fase adulta, muitas vezes está ligado a essa privação afetiva da infância. Por isso esse período é tão importante para o desenvolvimento saudável do indivíduo. Para evitar que isso ocorra, reuni algumas dicas:

1. Acarinhe muito seu bebê. Na hora do banho, quando estiver trocando a fralda ou a roupinha, faça massagem no corpo dele.
2. Na hora da amamentação, converse com ele. Ao segurá-lo contra o peito, faça cafuné na cabecinha dele. Dê um sorriso, olhe nos olhos, passe segurança. Se usar mamadeira, o comportamento é o mesmo e, neste caso, vale para o pai ou para a mãe.
3. Ao limpá-lo, quando tiver feito cocô ou xixi, não repreenda ou faça cara de nojo. Isso é importante para que ele não tenha vergonha do que o corpo produz. Aos poucos, ele vai aprender o significado de cada coisa.
4. Ao pegar o bebê no colo, pegue com carinho e, se possível, cante baixinho. Passe essa sensação de profundo bem-estar. Você vai ver que o corpo da criança relaxa e se acomoda melhor no seu colo, e vai reparar uma expressão de satisfação

no seu rostinho. Os pais que agem assim com os seus filhos percebem que são muito mais calmas.

Mais tarde, é exatamente essa sensação que acontece no amor entre os adultos, quando se abraçam, sentindo carinho, e seus corpos relaxam numa sensação de acolhimento. Esse é um aprendizado que vem da infância. O desenvolvimento da sexualidade do seu filho vai depender de todos esses fatores.

Mas o bebê também faz as suas próprias descobertas. Podemos ver com que interesse e entusiasmo uma criança começa a descobrir e brincar com os próprios pés e mãos. Mais adiante, ela descobrirá que é divertido e prazeroso tocar partes de seu corpo, inclusive os genitais.

Os meninos podem ter ereção desde o nascimento. Nas meninas, 24 horas após o nascimento, já podemos observar lubrificação vaginal. E é comum ocorrer a ereção do pênis, nos meninos, assim como do clitóris, nas meninas, na hora da amamentação, por causa da integração com o complexo sistema nervoso da pessoa, que se liga ao centro sexual no cérebro.

No primeiro ano de vida, eles tendem a concentrar a exploração do corpo nos órgãos sexuais. O bebê que se toca tem muito mais chance de estabelecer uma melhor relação de intimidade consigo mesmo. Há momentos, inclusive, em que ele fica corado quando, na hora dessa estimulação, fica relaxando e contraindo o corpo. E não gosta quando alguém o interrompe. Vale destacar que esta é uma descoberta da criança com ela mesma.

Algumas pessoas afirmam que os bebês são capazes de ter prazer. Alfred Kinsey, nos famosos "relatórios Kinsey" (1948 e 1953), já relatava evidências de prazer das crianças ao estimularem a si mesmas. Corroborando essa ideia, Gary Kelly ressalta que as crianças, desde cedo, podem ter prazer através da estimulação dos seus órgãos sexuais, mas nem sempre de forma direta, como ocorre com os adolescentes e adultos – com estes, envolve desejo, fantasia sexual, escolhas, e o corpo também apresenta uma resposta diferente. Embora ocorra uma coerção cultural e religiosa, essa descoberta faz parte do desenvolvimento sexual de todas as pessoas.

Não são só os órgãos sexuais que têm um significado evidente na sexualidade das crianças, mas os lábios e a boca também. A boca não é necessária apenas para se alimentar, mas é também um ponto de prazer e bem-estar importante. Já notou que a criança leva à boca tudo o que pega? É que, nessa fase, é através da boca que ela tem o primeiro contato com o mundo, o que coincide com a amamentação – e esse ato de sugar o peito é muito importante no seu desenvolvimento.

A atitude de naturalizar o desenvolvimento sexual do filho, sem proibições ou frases como "tira a mão daí que é feio!", contribui muito positivamente para que ele chegue à idade adulta com muito menos sentimento de culpa, vergonha do corpo ou ansiedade.

Como os cinco sentidos se desenvolvem

O bebê, quando nasce, mesmo prematuramente, já enxerga, escuta, sente cheiro, tem paladar e é bastante sensível ao tato, mesmo que não tenha desenvolvido completamente um ou outro sentido.

Entender o desenvolvimento dos cinco sentidos é muito importante para a compreensão da criança e da sua sexualidade, já que ela se relaciona com o corpo como um todo, de forma integrada.

▸ **Visão**

No passado, dizia-se que o bebê só via vultos. Hoje sabemos que mesmo o recém-nascido enxerga bem. É através do olhar que ele vai se comunicar com a mãe, o pai, o irmão, os avós, a babá... e se sentir acarinhado e com sentimentos de amor e proteção. Mais do que uma comunicação, o bebê precisa desse contato.

▸ **Audição**

Por volta da 20ª semana de gestação, o bebê ouve sons. A partir da 28ª semana, o cérebro passa a processar essas informações, transformando-as em memória. Desde que nasce, a criança identifica a voz da mãe. Para a formação dos "vínculos afetivos" esse é um momento muito importante, principalmente porque o que ouve – por exemplo, quando brincam com ela e dizem que "é uma gracinha" – vai ser fundamental para não ter vergonha de falar e expressar o que está sentindo quando adulta.

▸ **Olfato**

Nos primeiros dias de vida, o bebê já é capaz de identificar o cheiro da mãe. Para mãe e filho, esse é um forte componente de vínculo amoroso. Com poucas semanas, o bebê também já é capaz de reconhecer a voz e o cheiro do pai, sendo igualmente importante que se desenvolva esse vínculo entre eles. Segundo a psicóloga carioca Maria Tereza Maldonado (1991), autora de dezenas de livros sobre psicologia, o cheiro das roupinhas do filho e o próprio cheirinho característico, mesmo antes do contato físico, pode ser estimulante para a produção do leite materno.

▸ **Paladar**

A partir da 7ª semana de gestação, começam a se formar os milhares de papilas gustativas na língua e na boca. São elas que detectam os quatro sabores: salgado, doce, amargo e azedo.

A boca é para o bebê, desde pequeno, uma parte importantíssima, pela qual se alimenta e sente prazer, como vimos anteriormente. O contato da boca do neném com o seio da mãe produz diversos estímulos prazerosos: o calor, o cheiro, o gosto da pele e do leite e os movimentos corporais de ambos, reforçando ainda mais a relação entre a criança e sua mãe, tão importante para o desenvolvimento da pessoa por toda a vida.

- **Tato**

Quando o bebê nasce, a pele já está tão receptiva ao toque que o cérebro registra qualquer contato que se faça no corpo, por mais leve que seja. Como já vimos, um carinho ou uma massagem, até mesmo com a ponta dos dedos, pode fazê-lo relaxar, sentindo-se cuidado e protegido. São toques que reconfortam e mostram carinho, solidariedade e atenção. Quando for tocar no seu filho, lembre-se de que ombros, pescoço, pés, mãos e ventre são as áreas do corpo que mais necessitam desse carinho. As cólicas do neném podem ser aliviadas dessa forma.

Você sabia que o abraço é muito importante?

Abraçar não é só um ato de amor ou carinho. É de vital importância tanto quanto comer e beber:

> Pesquisa realizada pela neurobiologista Mary Carlson, da Harvard Medical School, constatou que a falta de afeto – e contato físico – atrapalha o crescimento infantil. A ausência de um afetuoso abraço, por exemplo, é capaz de desequilibrar os níveis de cortisol, hormônio que, entre outras funções, interfere na liberação do HGH, o hormônio de crescimento (COSTA, 2006, p. 45).

O estudo foi feito com 60 crianças de até 3 anos que viviam em orfanatos e creches. Elas recebiam alimentação adequada, roupas e abrigo. Mas não tinham toque, carinho, nem eram abraçadas pelos responsáveis por esses lugares. O resultado é que apresentaram alterações nos níveis de cortisol. Quer dizer, a falta de abraço provoca um descontrole na produção desse hormônio.

Mas como um simples abraço ou um toque afetuoso pode interferir num sistema tão complexo como o hormonal?

É simples: o abraço é interpretado no cérebro como uma emoção positiva. Essa interpretação desencadeia uma descarga hormonal, que acaba resultando no aumento da produção do HGH. Tudo isso acontece, primeiramente, na nossa pele quando é tocada, por ser uma imensa rede de terminações nervosas ligadas diretamente ao nosso sistema nervoso, que, por sua vez, liga-se ao cérebro.

Isso é tão importante que existe hoje o que os pesquisadores chamam de síndrome de hipossecreção do HGH, ou seja, deficiência do hormônio do crescimento. O problema foi identificado quando verificaram que algumas crianças não cresciam normalmente, mesmo tendo todas as condições, inclusive genéticas, para isso.

Uma característica comum a elas é que viviam em orfanatos, sem colo, carinho ou atenção. Quando levadas para uma casa de família, em festas de fim de ano ou férias, registrava-se um aumento dos níveis de HGH. E, com isso, cresciam melhor.

É claro que a falta de carinho não ocorre necessariamente em orfanatos e creches. Encontramos crianças muito amadas nesses ambientes. Em compensação, outras, junto de seus pais em famílias bem-estruturadas, têm tudo do ponto de vista material, mas lhes falta o principal para o bom desenvolvimento emocional e físico: o amor, o carinho e o abraço que acolhe e protege.

O seu filho na escola

Características:
- Criança centrada em si mesma.
- Experimenta os objetos e suas ações, o que promove autoconhecimento.
- Capacidade de fantasiar.

Como se comporta:
- Estabelece uma relação afetiva com o professor.
- Realiza experiências com o próprio corpo, como rolar no chão, balançar, escorregar, sujar-se, etc.

E o professor, como pode agir?
- Não impedir as experiências da criança nas descobertas de si mesma.
- Expressar carinho: abraçar, brincar junto, possibilitando que ela desenvolva suas habilidades.
- Dar vazão às fantasias da criança.

Os 3 anos de idade

Criança tagarela: a importância da linguagem

Por volta dos 3 anos, as crianças já começam a falar e muitas falam sem parar, tipo "tagarela". Isso faz com que tenham uma melhor compreensão do que falam os pais.

A total dependência começa a diminuir um pouco, uma vez que a criança começa a andar – pula, corre, rola no chão e não se cansa. Os adultos são os que ficam esgotados. Nesse período, um novo desafio se apresenta aos pais: educar no controle das fezes e fazer entender que o cocô deve ser feito no peniquinho ou no vaso sanitário, com seu auxílio. Essa é a oportunidade, inclusive, para falar de higiene – ensinando a criança, mas sem pressa, a se limpar.

Isso tudo pode acontecer um pouco antes, aos 2 anos de idade. Mas lembre-se, cada um é único: um pode amadurecer mais cedo enquanto outro demora um pouco mais. Então, nada de fazer uma comparação com o irmão ou outra criança!

É nessa idade que entra outro fator muito importante para o desenvolvimento: a identidade de gênero. Além da linguagem, o próprio corpo e, principalmente, os órgãos sexuais, que a criança começa a tocar, fazem parte dessa descoberta. A esse toque chamamos de masturbação, com características e desejos bem diferentes do que vai acontecer mais tarde, quando adolescente ou adulto, como falamos anteriormente. A curiosidade também aumenta, e a criança começa a querer saber de onde vêm os bebês, como nasceu, etc.

Alguns pais ficam superconfusos, sem saber como responder, achando que seu filho ainda é muito novo. Outros ficam com medo de que uma resposta negativa possa influenciar todo o aprendizado sexual da criança – e pode mesmo. Uma atitude positiva, sem preconceito e natural, como já vimos aqui, trará resultados muito mais saudáveis.

Você pode aproveitar a hora do banho para falar sobre o pênis e a vulva. Peça para seu filho ficar diante do espelho para ver o pênis. Mesmo o órgão sexual do menino sendo visível, é importante esse aprendizado. Com sua menina, você pode pegar um espelhinho e, quando estiver no banheiro ou no quarto, ensiná-la a sentar de perninhas abertas e, posicionando o espelho, ver detalhadamente seu órgão sexual, a vulva. Você, mãe, pode fazer isso primeiro, mostrando como fazer. Depois, ela te imita, olhando a si mesma. Fale também de higiene, que é preciso lavar tudinho na hora do banho. Mais adiante, no capítulo 9, vamos aprofundar essa conversa, mas, nesse momento, você pode falar para o menino e a menina que essas partes do corpo fazem parte da intimidade de cada um e que não é para ninguém tocar, a não ser eles mesmos sozinhos, quem dá banho ou quando são levados ao médico. Essa é uma forma de prevenir a violência sexual contra a criança.

"Marcos, não é muito cedo para essas coisas?"

Não é, não! Até porque esse conhecimento vai ser importante para a formação da identidade de gênero. E é sobre isso que vamos falar agora.

Formação da identidade pessoal e de gênero

De início, é importante entendermos que a identidade de cada pessoa é percebida como um sentimento íntimo, a que somente a própria pessoa pode ter acesso, ou seja, é a sua intimidade pessoal. Cabe a cada uma decidir se demonstra esse sentimento para os outros ou não.

Dessa forma, segundo a psicóloga carioca Maria do Carmo de Andrade Silva, o reconhecimento de si mesmo, na maioria das vezes, tem uma relação intimamente vinculada ao fato de se pertencer ao mundo dos homens ou das mulheres, sendo praticamente impossível desenvolver adequadamente seu senso de identidade sem situar-se ao gênero masculino ou feminino (ANDRADE SILVA, 2019, p. 34).

Assim, a identidade de gênero, ou identidade sexual, é a percepção interna de cada pessoa, um sentimento subjetivo de ser homem ou mulher. É a crença, o senso, que cada um tem de si. Diferente do que muita gente imagina, é determinada muito cedo, nos primeiros anos de vida – até os 3 anos de idade, mais ou menos.

Sabe esse sentimento interno que você tem de ser homem ou mulher, de pertencer ao sexo masculino ou feminino? Essa é a sua identidade de gênero.

A identidade de gênero é um aspecto básico do desenvolvimento da personalidade de cada pessoa. Ao nascer, a criança recebe o seu sexo de nascimento – masculino ou feminino, baseado no órgão sexual. Em seguida, segundo as leis do país, tira a certidão de nascimento, seu registro no cartório. A esse processo chamamos de sexo legal (sexo de registro). A partir daí, os responsáveis pela criação serão os primeiros influenciadores, a que chamamos de sexo de criação; nesse caso, baseado no sexo legal.

Como assim? A criação vai se dar, como menino ou menina, a partir do registro (sexo legal), feito de acordo com a identificação genital – pênis ou vulva.

A questão social é muito importante nesse sentido. Isso porque a educação de meninos e meninas se dá a partir do que a cultura estabelece como sendo "coisas de homem" e "coisas de mulher". Até mesmo a vestimenta e as atitudes esperadas de um e de outro são definidas pela cultura; o que ocorre num país não significa que será do mesmo jeito em outro.

Essa diferenciação começa antes do nascimento, quando o ultrassom traz o resultado tão esperado: "É menino!" ou "É menina!".

A partir daí, o quarto, as roupinhas e os enfeites, os brinquedos e as lembrancinhas se baseiam nessa educação diferenciada e na expectativa do que significa ser homem ou mulher.

Se for menino, espera-se que seja o "herói do papai", corajoso, com roupas azuis e sem babadinhos. Mesmo no século XXI, ainda escutamos pais dizerem aos seus meninos que "homem não chora!". Além da bola de futebol, os brinquedos geralmente são de montar, motorizados e para desenvolverem o raciocínio lógico.

Se for menina, teremos a "princesinha do papai", com roupas em tons de rosa e pastéis, e cheias de babadinhos. É esperado que meninas chorem, sejam delicadas e prefiram brincadeiras que não sejam brutas e que, muitas vezes, resumam-se a bonecas e panelinhas. Aos garotos é negado o direito de brincar de boneca, como se não pudessem cuidar ou ser pais mais tarde.

A tipificação continua na hora de utilizar o banheiro. O garoto ouve que ele tem pênis igual ao papai e por isso faz xixi em pé. A menina, como a mamãe, faz xixi sentada porque tem vulva. O processo cognitivo então estabelece a norma: tenho pênis, sou menino; tenho vulva, sou menina.

Todos esses conceitos vão impactar na formação da identidade de gênero. Para você entender melhor, veja o exemplo da aquisição da linguagem: cada pessoa tem as condições biológicas para a aquisição da linguagem, mas só aprende a falar a partir da estimulação psicológica e social – pai e mãe, quando ficam brincando com o filho, pedindo "diz o nome do papai" ou "diz o nome da mamãe", mesmo sem saber, estão estimulando-o a falar. E o ambiente em que a criança vive também vai ser muito importante nesse processo.

No caso da sexualidade não é tão diferente, apesar de ser um conceito extremamente complexo. Existe a "base", e é a interação de alguns aspectos psicológicos e sociais que faz com que a criança adquira o sentimento de ser menino ou menina.

A identidade de gênero é formada por componentes conscientes e inconscientes, estruturados em diferentes épocas do desenvolvimento e advindos de diversas influências (gonádicas, genitais, endócrinas, etc.), e, depois, pelas interferências ambientais e dos genitais externos, das relações parentais, da linguagem, das relações afetivas e da capacidade cognitiva.

E é exatamente essa complexidade que faz com que nem todas as pessoas sejam iguais nem tenham o mesmo ritmo de desenvolvimento, inclusive no que se refere à identidade de gênero. Algumas crianças não se sentem confortáveis em seus corpinhos. É como se se sentissem num corpo errado. Por exemplo: uma criança, mesmo com pênis, tendo o registro legal masculino e com os pais criando-a como menino, sente algo de errado.

Ainda sem muita clareza do que acontece, esse menino se vê num corpo errado porque na cabeça dele – internamente – sente-se menina e seu corpo não corresponde ao que sente psicologicamente. Portanto, mesmo sendo fisicamente um menino, sua identidade de gênero é feminina. O mesmo pode acontecer com as meninas, que nesse caso terão uma identidade de gênero masculina.

Isso significa que a sexualidade não se limita aos órgãos sexuais. Ela é muito mais complexa e envolve muito mais aspectos do que os rótulos comportam. Portanto, essa história não é tão simples: não há "cura" religiosa nem estão querendo mudar o sexo das nossas crianças. Nada disso. Entretanto, é preciso um acompanhamento psicológico para, no futuro – não na infância –, tomar-se a decisão sobre uma possível cirurgia de redesignação de gênero (popularmente, cirurgia de mudança de sexo), e isso numa discussão que envolva profissionais de várias áreas da medicina, além da presença de um psicólogo.

A primeira cirurgia de redesignação de gênero no Brasil, ao contrário do que muitos possam imaginar, não foi feita nas décadas recentes. Ocorreu em 1959, em Itajaí, em um homem trans, tendo tido grande repercussão nas páginas da extinta revista *O Cruzeiro*. Portanto, não é coisa da modernidade, mas da existência humana.

As pessoas trans – homens e mulheres – não escolheram, e, portanto, não foi uma opção, ter uma identidade de gênero que não se adeque ao seu corpo físico.

Acreditamos que todas as pessoas precisam ser tratadas com respeito, independentemente da sua identidade. Caso você tenha um filho trans, procure se informar e consiga ajuda profissional para uma melhor compreensão. Qualquer atitude que seja de violência e preconceito não vai adiantar em nada nem trazer benefícios.

E o papel de gênero?

A percepção social que a criança aprende do que é ser menino ou menina está correlacionada com a visão que a nossa sociedade tem do que é ser homem ou mulher. A isso chamamos de papel sociossexual ou papel de gênero.

O papel de gênero é o conjunto de condutas esperadas de uma pessoa desde criança, de acordo com o que a cultura em que está inserida estabelece como um comportamento masculino ou feminino, incluindo vestimentas, atitudes, conversas, etc. Não é nada rígido e pode mudar de uma cultura para outra e ao longo da história. É o comportamento que a pessoa apresenta para os outros a partir de tudo o que se fala e do que se espera dela, mas não se limita à sexualidade.

Durante séculos, a mulher foi considerada de "segunda classe", tendo os mesmos direitos – se é que se pode falar em direito neste caso – de crianças e escravos. O homem era o provedor, o dominador e o que tinha direitos, até mesmo, de manter relações extraconjugais. A realidade mudou, e hoje temos mulheres ocupando altos cargos em empresas e donas dos seus corpos; e homens que choram e não carregam o peso de ser os mantenedores da família. Mesmo assim, ainda falta muito para uma sociedade igualitária, em que homens e mulheres tenham de fato os mesmos direitos.

Independentemente do gênero, o mundo em que vivemos espera que ambos tenham qualidades como autonomia, independência e compreensão, e sejam objetivos, produtivos, afetivos e que possam desenvolver um autoconceito positivo de si mesmos.

Esse autoconceito não é algo isolado, mas perpassa a identidade de gênero e, quando sua estrutura é conflituosa e encontra dificuldade de aceitação, pode gerar reclusão, baixa autoestima e sentimentos de não pertencimento. Por isso a educação que vem dos pais, a partir de conversas francas e com respeito às diferenças que se apresentam, será muito importante para a vida pessoal e, futuramente, profissional de seu filho.

Orientação sexual

Orientação sexual é a manifestação sexual do desejo. É a atração, a expressão sexual. É para onde o impulso sexual se direciona: seja se relacionando sexualmente com uma pessoa de outro sexo (heterossexual), do mesmo sexo (homossexual) ou com os dois sexos (bissexual). Portanto, não é escolha, opção sexual ou tendência – termos utilizados de forma equivocada.

É importante entender, até para uma melhor compreensão da sexualidade da criança, que o desejo é inerente à pessoa, mas tomará "contornos" diferentes para cada um, a partir das influências biológicas, psicológicas, sociais e culturais.

A orientação sexual é, portanto, um dos aspectos que compõem a identidade de gênero, mas vale ressaltar que não é sinônimo dela.

Pai e mãe: atenção às atitudes!

A orientação sexual não pode ser a medida para o julgamento moral de uma pessoa.

A sexualidade é apenas um dos aspectos da nossa identidade pessoal e social, e o seu filho é muito mais do que a sexualidade dele. Mais importante do que ser hétero, homo ou bissexual, é ser capaz de viver a própria sexualidade de forma saudável, respeitando a si e ao outro.

Torna-se fundamental que você fique atento ao lidar com se filho caso ele não corresponda às expectativas próprias do papel de gênero, como falamos. O deboche, a brincadeira maldosa, as piadinhas de mau gosto não só não adiantam nada como representam desrespeito à pessoa e fazem com que, mais tarde, tenhamos jovens e, consequentemente, adultos inseguros, rejeitados e com sentimentos de desvalia. E isso você, enquanto pai ou mãe, pode evitar que aconteça.

O seu filho na escola

Características:
- A criança começa a ficar mais centrada no outro (principalmente pelas descobertas que começa a fazer na sexualidade).
- Os pais passam a ser modelos (lembre-se dos temas que acabamos de tratar).
- Os meninos podem demonstrar interesse em brincar com os brinquedos de uma colega, como uma boneca, por exemplo, e as meninas, com os brinquedos "considerados de meninos", que seus colegas levam para brincar na escola.
- Pode ocorrer a masturbação em situações mais íntimas (banho, troca de roupa), de forma muito discreta, como um toque por cima da roupa quando sentado na sala de aula, etc. Isso significa que a criança está conhecendo o próprio corpo.

Como se comporta:
- Para as meninas, a professora é um modelo de identificação, dentro das descobertas que falamos. Para os meninos, por sua vez, é uma nova convivência com uma pessoa do sexo oposto.
- Podem acontecer momentos de breve masturbação, como descrito anteriormente.

E o professor, como pode agir?
- Compreender que essa idade é de mudanças significativas e que deve lidar com situações novas, como os jogos sexuais e a masturbação, já que são etapas importantes para o desenvolvimento infantil. Lidar não significa permitir,

mas sinalizar que, mesmo não sendo errado, na escola não pode!
- Muitos desses comportamentos podem assustá-lo, por isso é fundamental que ele comece a estudar sobre o assunto e a se preparar, fazendo cursos de educação sexual, para lidar de forma mais tranquila com seus alunos em sala de aula.

Dos 4 aos 6 anos de idade

Criança curiosa

Nessa faixa etária, a criança começa a se interessar pela reprodução: como se engravida e até mesmo como o bebê faz para sair da barriga da mamãe (tudo isso dentro da linguagem dela e de acordo com sua idade). A amizade também começa a exercer influência, e meninos e meninas estabelecem as primeiras relações dessa natureza.

Como a criança fica "espoleta", ou seja, não para, é momento de os pais dobrarem a atenção e começarem a estabelecer limites. Tudo o que seu filho faz é uma gracinha, mas não se esqueça de que ele será um adulto amanhã. Por isso, algumas regras simples – nada muito rígido – precisam ser colocadas.

O aumento do interesse pela descoberta do corpo pode fazer a criança dizer que vai se casar com o pai ou com a mãe. Alguns pais ficam preocupados, mas tranquilizem-se, é um fato comum. Nessa fase, algumas meninas dizem que o pai é o namorado delas, momento a que chamamos complexo de Electra – termo que vamos explicar mais adiante e faz parte do arcabouço teórico da psicanálise, criada pelo médico austríaco Sigmund Freud.

Algumas também começam a dizer que "fulano(a) é meu/minha namorado(a)"; às vezes até se referindo a pessoas mais velhas ou ídolos. Mas há que se observar. Crianças têm amiguinhos, mas namoro, beijo na boca ou carinhos fazem parte do comportamento dos adolescentes e dos adultos, não do universo infantil; isto é, são atitudes que fazem parte da maturidade, quando o corpo já está desenvolvido.

▸ **E se o meu filho falar que está namorando a coleguinha da sala?**

É importante respeitar e não ignorar o que ele está dizendo. Mas diga que nessa idade há outras formas de expressar a amizade, como um abraço. Às vezes a criança fala que está namorando e nem sabe bem o que significa; pode estar confundindo com o sentimento de gostar do amigo ou amiga da escola.

▸ **"Merrrdaaaaaaa!!!", e o que fazer nesse momento**

Aos 5 anos, a criança já está com um domínio maior das palavras e começa a aprender e repetir palavrões. Quanto mais os pais a repreendem, mais ela repete.

Calma. É importante você saber que a criança sai falando palavrão, em alto e bom som, mesmo sem saber o que significa. Você pode repetir o que ela disse e explicar o sentido. Esclareça que, quando uma pessoa chama a outra por um palavrão, ela a está ofendendo, e que ninguém gosta de ser maltratado. E pode finalizar, perguntando: "Você gosta quando seu coleguinha te trata mal? É mais ou menos assim!". Lembre-se que seu filho está em idade de aprendizado.

O que é o complexo de Édipo?

Certamente você já ouviu essa expressão. Os psicanalistas, estudiosos de Freud, acreditam que, dos 3 aos 5 anos de idade, o menino passa por uma importante fase de desenvolvimento conhecida como período edipiano. Vale lembrar que esse nome é baseado na lenda grega em que o filho Édipo mata o pai e se casa com a mãe.

Acreditam também que, na infância, o menino odeia o pai porque ele é seu rival na conquista da mãe. Mas tudo isso dentro do imaginário da criança; tanto que é comum encontrarmos o menino vestindo a roupa do pai (porque, na cabecinha dele, parecendo-se com o pai será mais fácil conquistar a mãe). O menino, então, tem medo de que seu pai dê o "troco", revide, arrancando seu pênis (conceito chamado de complexo de castração). Fazendo uma relação com seu dia a dia, para você entender melhor: já notou que, por qualquer coisa, o menino leva a mão ao pênis, com medo de o "cortarem"? No fim dessa fase, essa "competição" pela mãe e o medo do pai desaparecem. É mais uma das etapas do desenvolvimento sexual.

Como falamos anteriormente, as meninas passam por um período, a que chamamos complexo de Electra. Para entender melhor: na sua base, o complexo de Electra e o de Édipo são parecidos. Enquanto o complexo de Édipo se refere aos sentimentos de afeto do menino em relação à mãe, o complexo de Electra se refere aos da menina em relação ao pai. Ele começa com a menina percebendo que não tem pênis (conceito conhecido como inveja do pênis) e culpando a mãe por isso. Daí passa a competir com a mãe para conquistar o pai, até mesmo colocando as roupas dela, o sapato de salto alto, etc., para que, parecendo-se com ela, tenha a afeição do progenitor. Assim como acontece com o menino, isso faz parte do imaginário, da fantasia da menina, na evolução da sua sexualidade.

Também é comum acontecer, quando os pais estão juntos no sofá da sala assistindo televisão ou na cama conversando, de a criança (menino ou menina) entrar no meio dos dois. O que também é absolutamente normal e é mais um exemplo dessa fase.

A teoria psicanalítica é defendida por aqueles profissionais que têm essa compreensão do comportamento humano; em particular, do desenvolvimento da sexualidade infantil.

A importância da família

De todos os grupos sociais a que pertencemos, a família é o primeiro e mais importante. Ela é a responsável direta pelo cuidado e pelo desenvolvimento da criança – quando o menino ou a menina moram num abrigo ou orfanato, é a instituição que desempenha esse papel.

Da evolução das últimas décadas, as crianças precisam se adaptar aos mais diferentes tipos de núcleos familiares: temos pai, mãe e filho; mãe e filho; pai e filho; pai, mãe e filho adotivo; crianças que são criadas pela avó, madrasta, tia ou prima; crianças que moram com os seus pais e com as suas mães em suas relações homoafetivas, o que é cada dia mais frequente no nosso país. E é muito bom que as crianças sejam educadas para conviverem com essa diversidade, respeitando as mais diferentes composições familiares.

Independentemente da organização familiar, o mais importante é que este seja um espaço de discussão e crescimento mútuos, no qual se possa conversar, trocar experiências e resolver conflitos sem violência. Esse ambiente saudável e de equilíbrio vai contribuir muito satisfatoriamente para o bom desenvolvimento da criança – a primeira referência do mundo que ela tem é a casa, com vocês. E o ambiente de convivência com os filhos será essencial para a construção de suas famílias mais tarde.

O seu filho na escola

Características:
- Fase de possessividade em relação à mãe.
- Ciúme e, quando não atendido, sentimento de rejeição.
- Jogos com os papéis sexuais.
- Curiosidade com o corpo do outro.

Como se comporta:
- Busca a atenção e a exclusividade do professor.
- Começam os "namoricos", muito mais de forma fantasiosa do que real.
- Nota-se a presença de jogos sexuais.
- Pode acontecer de pedir para ver o corpo do coleguinha e, por vezes, querer tocá-lo.

E o professor, como pode agir?
- Sendo paciente com as demonstrações de ciúme.
- Quando ocorrer ciúme entre os colegas, procurando intervir para evitar uma competição.

- A brincadeira de jogos sexuais deve ser tratada com muita delicadeza, mirando não em estabelecer uma repressão incisiva, mas em acompanhar de perto o que está acontecendo, buscando o bom senso e o respeito aos limites que a escola colocar. Ou seja, é preciso verificar cada realidade. Vale ressaltar que os jogos sexuais ocorrem com crianças da mesma faixa etária. Fora isso, com adolescentes e pessoas adultas, é uma violência sexual.
- A escola precisa se posicionar pedagogicamente em relação à sexualidade dos seus alunos, para que o professor desenvolva suas ações de forma planejada e saiba lidar com questões complexas.
- Nunca reprimindo as manifestações de sexualidade do aluno.
- Lidando com as questões sexuais de forma natural e sem tabus.

Dos 7 aos 10 anos de idade

A formação de vínculos

Na faixa dos 7 aos 10 anos, percebemos um rápido desenvolvimento social das crianças. Em breve elas estarão na puberdade, sentindo mudanças no corpo (por volta dos 10, 11 anos), e, em seguida, na adolescência, período em que ocorrem mais mudanças psicológicas e sociais (segundo o Estatuto da Criança e do Adolescente (ECA), etapa que vai dos 12 aos 18 anos).

Nessa fase, os vínculos de amizade começam a se fortalecer. Aos 7 anos (ou um pouco antes), dá-se início ao Clube do Bolinha ou ao Clube da Luluzinha, em que as crianças se organizam formando a sua "turma" a partir de interesses iguais.

Muitas vezes, para o fortalecimento interno do grupo, os meninos começam a competir e a implicar com a turma das meninas. Enquanto eles dizem que as meninas são chatas, elas dizem que os meninos são brutos e briguentos (e essa agressividade é incentivada por muitos pais, que a consideram "coisa de homem").

A formação desses grupos é um momento no qual meninos e meninas aprendem a lidar com o "igual" e com o "diferente". Pais e professores precisam ficar atentos para a rigidez de alguns deles, para que não se transformem numa "guerra dos sexos" ou que incentivem o *bullying*.

A convivência em grupo, a partir dessa idade, permite que a criança solidifique sua própria identidade e, progressivamente, expresse sua opinião e se posicione mais claramente, o que será importante para o convívio social que a cada dia se intensifica.

Quando menores, as crianças estavam muito voltadas para a descoberta de ser menino ou menina, isto é, para a formação da identidade de gênero. Agora, essa situação se transformará com a consolidação disso tudo; além disso, com a aproximação da puberdade, cresce – de forma mais afetiva – o interesse pelo outro.

Sexualmente, as descobertas continuam, e é provável que a masturbação se intensifique também. Se até os 8 anos seu filho não lhe fizer nenhuma pergunta sobre sexo, aproveite uma cena na televisão ou uma situação que lhe pareça adequada e comece a conversar sobre o assunto. Quando for possível, faça um passeio com ele até uma livraria e mostre livros infantis que falem sobre o tema. Pode ser um passo importante, além de estimular a visita a livrarias, que são um ambiente muito bom para a formação educacional e cultural.

Aos 9, 10 anos, nas festas infantis, podem acontecer os "joguinhos de beijo", onde um "rouba" um beijo do outro. Mesmo sendo comum que isso aconteça, aproveite para explicar o que é relação consensual, importante para todo relacionamento e pela vida afora.

Toda essa convivência de amizade permite que a criança exercite seu jeito pessoal, aprenda a se defender e a perceber seus limites e os do outro. Até então, o ambiente familiar era sua realidade mais próxima; agora, a entrada em outros grupos faz com que tenha mais clareza da própria identidade, daquilo de que gosta e de que não gosta. Aprende que, num grupo, as regras existem e é importante respeitá-las!

A puberdade chega e, logo mais, a adolescência

Como falamos anteriormente, por volta dos 10, 11 anos, meninos e meninas começam a ter as primeiras transformações físicas responsáveis pelo amadurecimento da sexualidade. A esse período chamamos de puberdade.

Do nascimento até a puberdade, as mudanças físicas ocorrem bem lentamente e, por volta dessa idade, dão um salto. No menino ocorrerá um amadurecimento dos testículos e da bolsa escrotal e, logo depois, o crescimento do pênis. Um ano depois, mais ou menos, acontece a primeira ejaculação. Vai ocorrer também a intensificação da transpiração, o aparecimento da acne, o desenvolvimento da musculatura e o engrossamento da voz. Na menina, ocorre a menarca (primeira menstruação), o crescimento dos seios, o aparecimento dos pelos nas axilas e vulva, além do aumento de oleosidade da pele e o surgimento da acne.

Toda essa mudança vai mexer muito com a cabeça e a "estrutura" dos jovens – e dos pais também. Eis a adolescência, período que se caracteriza por mudanças psicológicas e sociais.

Na adolescência, você perceberá o seu filho indo de um extremo a outro, a personalidade passando por significativas mudanças. Às vezes será difícil lidar com ele, mas respire fundo e se lembre de que esse é um processo natural e passageiro. Eu sei que não é fácil, mas essa é mais uma etapa – muito importante – para se chegar à idade adulta.

Sobre o que estamos dizendo, a psicanalista austríaca Anna Freud, filha de Sigmund Freud, diz o seguinte:

> É normal para o adolescente se comportar de maneira inconsciente e não previsível. Lutar contra seus impulsos e aceitá-los; amar seus pais e odiá-los; ter vergonha de reconhecê-los perante outros e querer conversar com eles; identificar-se e imitar os outros enquanto procura uma identidade própria. O adolescente é idealista, artístico, generoso e pouco egoísta como jamais o será novamente, mas também é

o oposto: egoísta, calculista, autocentrado (Freud, A. citada em Suplicy, 1983, p. 45-46).

Por que os pais acham difícil lidar com filho adolescente?

Porque os pais querem sempre estar perto, protegendo e acolhendo – exatamente o oposto do que os filhos adolescentes querem. Essa é a fase em que querem mostrar para si mesmos e para os colegas que já são adultos e "donos do próprio nariz". A angústia vem por perceberem que ainda dependem dos pais não só financeiramente, mas sobretudo afetivamente. Por isso, não adianta travar uma briga de poder dentro de casa. Mais uma vez os pais devem compreender e perceber que seu filho está à busca da própria identidade.

É importante que o adolescente aprenda a lidar, ao mesmo tempo, com a dependência e a autonomia; com a frustração e as conquistas; que respeite os limites sinalizados para ele desde pequeno e reforçados agora. Há momentos em que ele chega a desafiar pessoas e situações: é o período que chamamos de pensamento mágico, em que acha que nada vai acontecer consigo. E, com esse pensamento, transa sem camisinha, pega o carro do pai e sai sem ponderar os riscos – em casos extremos, participa de roleta-russa, arriscando a própria vida ou cometendo atos violentos contra outras pessoas.

Podemos considerar que na adolescência é comum o período de crises, até porque o rapaz e a moça estão "tateando" essas novas descobertas, que trazem muitas surpresas. Há a eclosão de uma série de manifestações que até então estavam "adormecidas", de situações que conseguiram internalizar durante as fases anteriores, mas que nessa idade vêm junto com o desejo de autoafirmação, de aceitação pelo grupo, e com a cobrança da sociedade.

É comum que rapazes se relacionem com rapazes nessa primeira fase de sua vivência sexual, o que não evidencia uma orientação homossexual, mas conta como mais uma etapa do desenvolvimento da sexualidade. Assim como as meninas, que começam a estabelecer intimidade com as amigas justamente no momento da descoberta dos seios, da menstruação, dos segredos e do interesse por aquele garoto que nem lhe "dá bola"; e lidam com o medo que dá o início do primeiro namoro: "Como é que se beija?", "E se ele quiser transar comigo?", entre tantos outros questionamentos. Com os garotos não é diferente, e a cabeça parece um turbilhão de interrogações: "O tamanho do pênis influencia?", "E se ela descobrir que sou BV?", "E se acharem que sou gay porque não quero transar com uma menina?". Essas e outras inseguranças são comuns nessa faixa etária.

O seu filho na escola

Características:
- Na faixa dos 7 aos 10 anos, as "brincadeiras sexuais" são escondidas, porque sabem que são proibidas.
- Os comportamentos de papéis sexuais estão mais presentes, reproduzindo o que a sociedade espera.
- Organiza-se em grupos.
- Tem a necessidade de saber mais sobre sexo.

Em particular, na puberdade e adolescência:
- Acha que nada vai acontecer consigo.
- É a fase da "identidade grupal", em que o que o grupo fala é o certo.

Como se comporta:
- Muitas vezes "some" da vista do professor, principalmente quando diz que está de "namorinho".
- Já é capaz de formular questões de caráter informativo.

Em particular, na puberdade e adolescência:
- Começa a namorar e a manifestação da sexualidade fica cada dia mais clara.

E o professor, como pode agir?
- Promover, com seu trabalho, a integração dos grupos.
- Organizar debates e conversas informativas a respeito do corpo, procurando desfazer ideias fantasiosas.
- Dirigir as atividades de forma mais precisa, para que o aluno tenha mais segurança para desempenhá-las e possa, aos poucos, buscar sua autonomia.

Em particular, na puberdade e adolescência:
- Além das ações citadas, procurar desenvolver um trabalho em que os adolescentes, informados, possam falar para outros iguais, dentro da perspectiva do "adolescente multiplicador": adolescente falando para adolescente.

Foto: pikisuperstar/Freepik

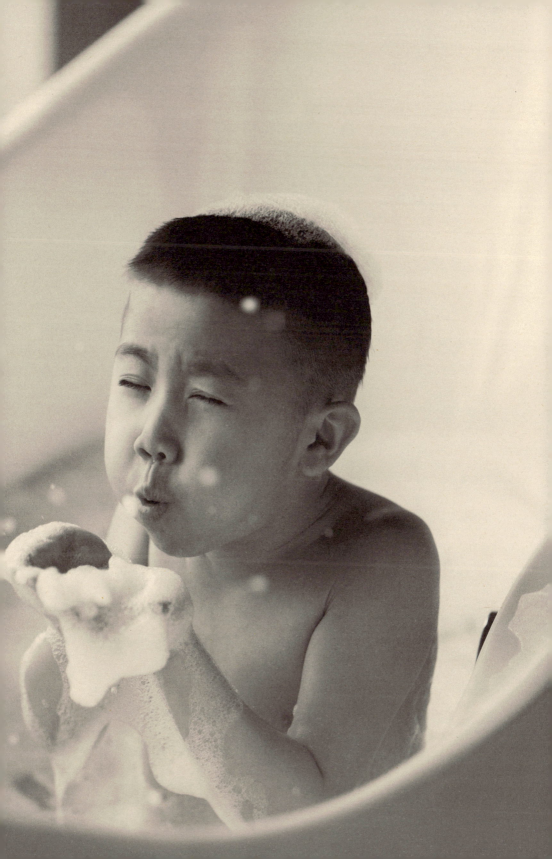

CAPÍTULO 4

A descoberta do corpo

Erotização precoce

A erotização precoce é um problema que tem atingido um grande número de crianças. É expressa como uma sensualidade à flor da pele, não compatível com a idade. E os pais ficam sem saber como lidar com a situação, apesar de muitos contribuírem para que isso aconteça.

A infância se caracteriza por um momento de proteção e aprendizado da sexualidade. Mas essa aprendizagem segue etapas muito significativas, que se relacionam com o desenvolvimento como um todo.

Criança é criança e, como tal, não deve ter a sexualidade e o comportamento adulto antecipados: seja nas danças erotizadas, nas roupinhas insinuantes, na maquiagem que coloca meninas pequenas de batom e sombra, nas unhas pintadas ou nos gestos eróticos que, muitas vezes, têm os pais como plateia. Meninas, acompanhadas de suas amiguinhas, já têm comemorado aniversário em salões de beleza "como adultas em miniatura". É responsabilidade de quem cuida deixar a criança ser criança e não queimar etapas. Quando se ultrapassa uma dessas fases, ela poderá sofrer, no futuro, consequências muito negativas, que interferem no seu comportamento.

Essa dificuldade que tem se apresentado para a educação dos pequenos traz algumas incertezas do tipo "até onde ir?", ou "se eu não permitir, posso causar traumas no meu filho?". Saímos de uma época em que tudo era proibido para um momento em que tudo é permitido. Mas não precisa ser assim: os limites são importantes para a educação e a socialização das nossas crianças.

É responsabilidade dos pais delimitar as coisas, rever sua atitude quando permitem que a filha de 4 anos dance de maneira erotizada ou vá a festinhas com maquiagem e sandálias de "saltinho". As meninas não têm essa consciência; na maioria das vezes estão reproduzindo o que viram e acham que não há nada de mais; daí a importância de os pais ficarem atentos a esses comportamentos e ao que pode causá-los.

O mesmo ocorre com os meninos que, muitas vezes, são incentivados a iniciar a vida sexual antes do tempo e a serem "pegadores", eternizando uma cultura machista que deve ser combatida.

A erotização precoce também está relacionada a uma sociedade de consumo, porque os pequenos tendem a consumir de maneira inadequada à faixa etária, reproduzindo comportamentos que refletem o poder econômico. Por não terem uma referência, por falta de acompanhamento ou mesmo por incentivo dos pais ao consumismo inadequado é que vai se construindo essa erotização antes da hora, extremamente prejudicial ao seu desenvolvimento. Essa é uma boa oportunidade para os pais refletirem sobre como ser permissivo com os filhos pode ser profundamente danoso.

O que pode ser feito?

- Coloque limites. O responsável é você. Não se dobre aos apelos do "consumo" ou de todas as coleguinhas da turma que andam daquele jeito e só sua filha que é "diferente".
- Não coloque a culpa na TV ou internet. É você que deixa que assistam a programas impróprios, que estimulam esse comportamento. Mude de canal ou escolha o que ele pode

ou não pode ver. Procure sempre conversar e explicar o motivo. O "porque eu não quero" não cabe nos dias de hoje.
- Tente não reproduzir frustrações ou desejos passados no comportamento do seu filho para que você se realize. Cada pessoa tem a sua história. De nada adianta "empurrar" a filha para ser modelo porque você não conseguiu ser, pois estará produzindo uma adolescente inibida e frustrada, caso não consiga realizar os desejos da mãe. Nem mesmo o pai pode querer que o filho seja um craque da bola se suas habilidades são outras. É fundamental respeitar as escolhas e particularidades dos filhos.

Masturbação

Se em pleno século XXI esse assunto ainda é cercado de polêmica, imagine no século XIX! Os religiosos sempre condenaram a masturbação, assim como todas as outras formas de sexo não reprodutivo. A visão era de que o corpo ia se desfazer, inclusive essa era a crença dos médicos daquela época.

Para que se tenha ideia, em 1860 o médico suíço Samuel Auguste Tissot publicou um tratado no qual afirmava que o sêmen era um "óleo vital", que, se perdido, causaria "uma notável redução da força, da memória e mesmo da razão", entre outros malefícios.

Tal combate ao autoerotismo era tão ferrenho que, anos antes, em 1830, havia sido lançado um livro de autoria desconhecida, intitulado *Le livre sans titre* (O livro sem título), com 15 ilustrações desenhadas e coloridas à mão, demonstrando o passo a passo da destruição do corpo causada pela masturbação. O personagem das imagens é um jovem de 17 anos, que definha lentamente até sua destruição final.

Nas primeiras décadas do século XXI, afirmava-se que, se os meninos se masturbassem, cresceriam pelos em suas mãos, o esperma acabaria e até poderiam desenvolver seios, em alusão à ginecomastia – um distúrbio que ocorre no homem, mais frequentemente na puberdade, caracterizado pelo aumento das mamas, mas sem nenhuma relação com a masturbação, e sim com outros problemas. A culpa fazia com que muitos acreditassem nessas lorotas, sem nenhuma fundamentação científica.

Como entendemos esse assunto hoje em dia?

A masturbação tem um papel importante no desenvolvimento da sexualidade de todas as pessoas. Podemos dizer que é o primeiro aprendizado para uma sexualidade adulta e um passo importante para o conhecimento do próprio corpo e do prazer.

O bebê, desde o nascimento, começa a brincar com o pênis ou com a vulva. Essa experiência, além de gratificante, vai ser significativa nas suas buscas pessoais, na descoberta das sensações que o corpo pode dar a ele e no desenvolvimento da boa imagem do próprio corpo.

Não há uma idade exata, e varia de uma criança para outra. Mas, quando ocorre, geralmente as meninas estimulam a vulva e o clitóris com as mãos, pressionando uma coxa na outra ou roçando em alguma coisa como um travesseiro ou um urso de pelúcia. Os meninos comprimem a mão sobre o pênis e o manipulam – como é muito pequeno, podem se atrapalhar um pouco por causa da coordenação motora.

O que é muito importante ressaltar é que esse toque não tem o mesmo significado nem as fantasias presentes no imaginário dos adolescentes e dos adultos; são comportamentos completamente diferentes. Este é o momento de orientar que não se deve deixar pessoas estranhas nem as mais próximas tocarem nas suas partes íntimas, a não ser os pais. Mesmo assim, ainda aconselhamos as mães a ficarem atentas porque, infelizmente, há muitos casos de abusos em que o abusador é o próprio pai. Pode ser estranho, mas, lamentavelmente – e sem querer generalizar ou criar pânico –, é o que acontece em grande número de casos de violência sexual com crianças.

A masturbação não causa nenhum problema de ordem física nem psicológica. Muito menos vicia. O problema é a dificuldade dos pais em lidar com a sexualidade dos filhos. A dificuldade de compreender que "seu menino" ou "sua menina" já está tendo prazer e que a masturbação é uma descoberta saudável para o desenvolvimento da criança e da atividade sexual mais tarde, quando tornar-se adulta. Atitudes negativas fazem com que seus filhos cresçam com o sentimento de que estavam fazendo algo feio ou proibido, podendo, mais tarde, ter dificuldade com seu corpo, com sua intimidade e no relacionamento com o outro.

O mais adequado é orientá-los a não introduzirem em si objetos estranhos, a não se tocarem com a mão suja e, a que, quando se tocarem, que seja num local reservado e protegido, como dentro de casa.

Tirando dúvidas

▶ **"Qual a idade em que uma pessoa pode começar a se masturbar e qual a frequência certa?"**

Não existe idade certa. Pesquisas na área da sexologia mostram que a masturbação é menos frequente na infância e na vida adulta, que ocorre mais na adolescência e na velhice. De qualquer modo, está presente ao longo de toda a vida. Cada pessoa tem um "relógio" interno muito próprio e um prazer muito individual, que decide o que lhe é apropriado. Por isso, a frequência normal vai depender do ritmo "ideal" de cada um.

▶ **"Peguei meu filho se masturbando no sofá..."**

É importante que, nessa hora, os pais não deem bronca nem façam alguma reprimenda. Reforcem a ideia de que não é errado, mas não é para se tocar em qualquer lugar nem com gente por perto. Esse é um momento de intimidade e, por ser íntimo, não pode ser em público nem em lugares como a sala de casa. A criança, geralmente, usa a masturbação apenas como mais uma possibilidade de prazer e de conhecer o próprio corpo – e isso não é faz mal algum.

▸ **"Sou professora de crianças pequenas e de vez em quando eu pego um aluno se masturbando na sala de aula, no final da classe. Juro que não sei o que fazer!..."**

Ocorrendo na sala de aula, o professor pode chegar perto da criança e dizer que aquele não é um local indicado, que ela pode fazer quando estiver sozinha, em casa. Em seguida, pode chamá-la para uma atividade. No entanto, é importante ficar atento e observar se a criança não está querendo despertar a atenção – se for esse o caso, verificar qual o problema. Não o da masturbação, mas o que a está levando a agir assim.

Jogos sexuais

É através da brincadeira que a criança se comunica e interfere no mundo que a cerca. Enquanto utilizamos principalmente a fala para nos comunicarmos, os pequenos utilizam as brincadeiras, os brinquedos e os jogos.

Por meio da brincadeira, elaboram suas fantasias, angústias e descobrem o corpo e a sexualidade. Os jogos sexuais fazem parte do universo das crianças que, desde cedo, "brincam" de tocar o próprio corpo e o do amiguinho ou da amiguinha, assim como os órgãos sexuais. Além de se tocarem, trocam experiências com outras crianças (meninos ou meninas), como nas brincadeiras de "médico" ou na casa de bonecas, ao falarem "mostra o seu que eu mostro o meu" ou na hora de comparar o tamanho do pênis com o colega.

Sabe onde está o "x" da questão?

As crianças não percebem seus sentimentos como eróticos ou sexuais; para elas, a brincadeira tem a ver com a sensação que o toque proporciona. A maldade, se assim podemos dizer, está na cabeça do adulto, a partir da sua experiência – o que o induz a uma interpretação errada do comportamento dos filhos –, porque as crianças não têm a vivência e as fantasias sexuais que compõem o universo sexual de homens e mulheres.

O óbvio precisa ser destacado: não há comparação entre os dois universos sexuais. Então, pais, vocês não precisam ficar de cabelo em pé. As preocupações devem ser outras, como veremos ao longo deste livro.

Os jogos sexuais não causam traumas nem danos à sexualidade da criança. É um comportamento normal!

Mas o que os pais ou responsáveis devem fazer?

1. Ficarem atentos para ver se a brincadeira é entre crianças da mesma faixa etária. As idades não podem ser diferentes porque os interesses são outros. Então, por exemplo, criança com adolescente não pode!
2. Prestarem atenção se é apenas a descoberta da sexualidade ou se são jogos de opressão, em que um menino ou menina está sendo forçado. Mesmo com crianças isso pode acontecer, individualmente ou em grupo.

Foto: Drazen Zigic/Freepik

CAPÍTULO 5

Educando meninos, educando meninas

Igualdade de direitos

Quando começamos a conversar sobre igualdade de direitos, logo dizem que meninos e meninas são diferentes. Na verdade, ninguém falou o contrário, aliás, independentemente do gênero, todos nós somos diferentes. No entanto, o que devemos levar em consideração é que diferença não significa desigualdade.

Identificamos esse comportamento diferenciado no cotidiano na linguagem dos pais desde cedo, quando se referem às meninas como delicadas (e muitas vezes com adjetivos no diminutivo) e aos meninos como fortes.

Nasceu menina? É a bonequinha, fofinha, gracinha e delicadinha. Nasceu menino? É o herói, filhão, fortão.

Não haveria problema se esse tratamento não expressasse a expectativa que se tem na educação de meninos e meninas, com vantagens e privilégios para um em detrimento do outro. E, nesse caso, estamos falando dos meninos, que são criados ainda hoje com mais oportunidades.

A reprodução desses estereótipos está presente desde o nascimento, quando escolhemos pendurar uma camisa do time de futebol para a chegada do *garotão* e uma sapatilha para a *princesinha*.

Com os presentes não é diferente: os meninos ganham brinquedos de montar, de desenvolver o raciocínio lógico e tecnológico, enquanto as meninas recebem bonecas e utensílios de cozinha.

Quando ouvimos que, geralmente, os homens são melhores nas ciências exatas e as mulheres nas ciências humanas, não nos perguntamos quais foram as oportunidades que ambos tiveram na infância e que brinquedos e brincadeiras foram proporcionados por seus pais.

É por isso que propomos uma educação igualitária, não sexista, em casa e na escola, entendendo que o tempo mudou e não faz mais sentido – na verdade nunca fez! – continuarmos a reproduzir estereótipos sociossexuais na educação e nas brincadeiras.

Vamos ver na prática: meninas brincam de boneca, de casinha e cuidam do bebê. Essas brincadeiras as "colocam" dentro de casa, como que as preparando para o que as espera quando mulheres: serem mães e donas de casa. E, mesmo que trabalhem fora e tenham uma vida profissional atuante, como acontece hoje em dia, atribui-se a elas o cuidado com a casa e a educação dos filhos.

Meninos brincam de bola, frequentam escolinha de futebol e ficam na rua ou no *playground* do prédio, reproduzindo o que se deseja do homem quando crescer: ir para a rua em busca do sustento da família. Essa ainda é uma cobrança social, mesmo que os dois trabalhem fora e a mulher ganhe mais que o homem.

Caso seja necessário que um dos dois deixe de trabalhar, por algum problema grave, quem geralmente fica em casa?

A psicóloga paulista Marta Suplicy escreveu no prefácio do meu livro *Menino brinca de boneca?*:

> [...] a mulher não nasce com o desejo de lavar pratos, assim como o homem não nasce com vontade de sustentar a mulher [...]. Somente através da educação de nossas crianças pequenas é que conseguiremos mudar essa sociedade desigual.
>
> Pouco adianta pensarmos em uma sociedade mais justa e igualitária se as crianças dentro do lar continuarem a observar e ter como modelo pais que são percebidos como tendo relações, direitos e

possibilidades desiguais. As crianças criadas nestas condições não desenvolverão a noção do que seja uma relação entre iguais: serão pessoas que aceitarão a submissão social, a relação explorador/explorado mais facilmente [...] (RIBEIRO, 2011, p. 3).

Educar os meninos para serem agressivos, competitivos e nada emotivos certamente é o "treinamento" para formar namorados ou maridos que acreditam que, pelo fato de serem homens, têm direitos sobre a mulher. Essa é, aliás, uma das raízes da violência contra a mulher. Da mesma maneira que educar as meninas para serem passivas, para abaixarem a cabeça para o namorado ou marido ou para serem carinhosas e boazinhas através da submissão é um caminho para formar moças inseguras, com dificuldade de dizer não, acreditando que o homem tem mais direitos que elas.

Convenhamos que, com as conquistas da mulher em todos os espaços da sociedade e com o homem, mesmo lentamente, revendo o seu papel, não faz mais sentido os pais continuarem a reproduzir essa educação discriminatória na criação dos filhos.

As conquistas das mulheres se referem a sua entrada no mercado de trabalho; à maior participação na política e na ciência; ao direito ao prazer; à luta por tratamento igualitário; à exigência, entre muitas outras, de que o homem deixe de perguntar "o que tem nessa casa pra jantar hoje?", passe a dividir as tarefas domésticas e também faça o jantar.

Enquanto há homens que são sensíveis a essa questão, existem muitos outros que não acreditam que são igualmente responsáveis pelo trabalho doméstico e pela criação dos filhos. Transformar essa realidade é uma das múltiplas tarefas que os pais e os educadores podem fazer.

Dicas para auxiliar nesse processo de mudança

- Meninos e meninas, sem correr riscos, podem arrumar a casa e ajudar os pais nos afazeres domésticos. Atribuir essas tarefas apenas às meninas é contribuir para a perpetuação

da desigualdade, e em nada contribui para que tenhamos uma sociedade igualitária, em que meninos e meninas têm os mesmos direitos – e deveres!
- Dar mais autonomia aos garotos e ser mais vigilante com as meninas significa que você está educando seu filho com mais vantagens em relação à sua filha. Ambos devem ser educados para terem autonomia. Ser vigilante com ambos é um gesto de proteção e zelo, porque a violência pode atingir os dois, independentemente do sexo.
- Cada pessoa é de um jeito e pensa e se comporta de maneira diferente. Isso se aplica a todas as pessoas, e seu filho não foge à regra. Não tente moldar o comportamento dele para que seja como gostaria que fosse.

Educando meninos

"Isso é coisa de menino!"
"Engole o choro!"
"Se der mole... passa o rodo!"
"Se apanhar na rua e vier chorando, apanha aqui de novo!"

Dessas e de tantas outras formas, a educação dos meninos vai sendo construída baseada numa masculinidade tóxica, com homens que reproduzem estereótipos de virilidade e dureza, como se, por serem homens, não pudessem demonstrar afeto. Não é um exagero pensar que a base da violência de gênero está na educação sexista, não igualitária, que reforça a ideia de que o homem é superior à mulher e tem poder sobre ela, como se fosse o seu dono. Se é de pequeno que se torce o pepino, como repreminda aos atos reprováveis, é também na criação das crianças que as educamos para a igualdade de direitos, o respeito às mulheres e às diferenças, o combate ao racismo e a todas as formas de preconceito. Num país como o nosso, onde crescem os casos de mulheres vítimas de feminicídio, é fundamental a inclusão dessa conversa em casa e na escola com os filhos e alunos.

Nos EUA, estudos mostram que aulas a respeito das questões positivas da masculinidade diminuem índices de violência contra a mulher, uma vez que os garotos passam a ter uma melhor percepção sobre os problemas causados pelo uso da correção e da violência nas relações.

Em 2020 o governo britânico tornou obrigatória a discussão sobre "relação abusiva" e "coercitiva", com a inclusão da "educação sobre relacionamento" em todo currículo escolar. Essa preocupação justifica-se na medida em que o "controle coercitivo" do outro muitas vezes não é tão visível quanto a agressão física, mas tão danoso quanto. Tal comportamento já pode ser visto nas escolas; sendo um espaço que recebe alunos de diferentes origens, nada mais indicado que a abordagem do tema nessa instituição.

Aqui no Brasil, ainda não estamos caminhando nessa direção, mas já passa da hora. Precisamos começar o diálogo pela igualdade de direitos e pela cultura pela paz, como contempla a Lei de Diretrizes e Bases da Educação Nacional (LDB n.º 9.394/1996), através da inclusão (pela Lei n.º 13.663/2018), em seu artigo 12, do inciso X: "Estabelecer ações destinadas a promover a cultura pela paz nas escolas". Caso você não saiba, a LDB é a lei que rege a educação brasileira, regulamentando o sistema educacional, público e privado, da educação básica ao ensino superior.

As brincadeiras

Para alguns meninos, brincar de boneca pode ser tão prazeroso quanto jogar bola. Um garoto pode brincar com esses e outros brinquedos ditos "de menina" e nem por isso perder a sua identidade de gênero masculina. Essa brincadeira pode ser um aprendizado importante para que, mais tarde, possam ser pais cuidadosos e que saibam dividir as responsabilidades na criação dos filhos.

E as meninas que preferem as brincadeiras com carrinho ou sonham driblar a bola como a Marta não vão perder a sua identidade de gênero feminina. Brincar de casinha, comidinha ou princesas pode ser muito legal, o problema é acreditar que, por ser menina, só se possa brincar dessas coisas.

Ambos podem brincar de bola, boneca, jogos de computador, carrinhos, aeronaves, jogos de montar e pintura. O que importa é o brincar! É importante entendermos que as crianças estão numa fase de conhecer, descobrir, brincar, experimentar e, nesse sentido, a casa e os brinquedos do sexo oposto fazem parte das fantasias e descobertas. Esse é mais um aprendizado, sem que isso possa ter alguma implicação na identidade de seu filho.

O mercado de brinquedos

A divisão do que é "coisa de menino" ou "coisa de menina" está na pauta de alguns fabricantes de brinquedos desde 1970. A Lego incluía, dentro das caixas de seus produtos, um bilhete endereçado aos pais para que dessem aos seus filhos a liberdade de construírem o que quisessem, sendo meninos ou meninas. As instruções que acompanhavam as peças dão uma verdadeira lição de igualdade de gênero. O bilhete que acompanhava os brinquedos era este:

> Ao pais,
> O impulso de criar é igualmente forte em todas as crianças. Meninos e meninas. É a imaginação que conta. Não a habilidade. Você pode construir qualquer coisa que surja na sua cabeça, da forma que quiser. Uma cama ou um caminhão. Uma casa de bonecas ou uma nave espacial. Muitos meninos gostam de casas de bonecas. Elas são mais humanas do que espaçonaves. Muitas meninas preferem espaçonaves. Elas são mais empolgantes do que casas de bonecas. O mais importante é colocar o material certo em suas mãos e deixá-los criar o que quiserem (Lego, 2014, [s.p.]).

Muito tempo depois, em 2013, uma grande rede de lojas na França fez um catálogo não sexista – isto é, sem a reprodução desses estereótipos – com seus brinquedos de Natal. Dessa forma, encontrávamos meninas com ferramentas e meninos com panelinhas.

A ideia é simples, mas importante: nada de meninas limitadas ao universo doméstico, nada de meninos associados a carros e soldados. Todos podem se divertir com os mais diferentes brinquedos e brincarem juntos, sem distinção de gênero. No mundo atual, os filhos veem o pai cozinhando e a mãe dirigindo, então por que não trazer essa realidade para os brinquedos? Se esse é o cotidiano de muitas famílias, por que não trazer esta vivência para o universo infantil?

Meus filhos ajudam a mãe em casa

Quando estava escrevendo este capítulo, Leandro, um amigo, disse-me que na sua casa os filhos ajudam a mãe nas tarefas domésticas. Ajudam ou dividem? E ele, como participa? Quando nos referimos ao fato de filhos e marido ajudarem a mãe ou a esposa, partimos do pressuposto de que a obrigação é da mulher e eles "apenas" a ajudam, dão um socorro em um momento em que ela precisa. Portanto, auxiliam em algo que seria responsabilidade única do outro; neste caso, a mãe/esposa.

Mas, se os filhos e o marido dividem as tarefas domésticas, entendemos que são uma obrigação de todos da casa e, assim, devem distribui-las proporcionalmente. Ou só a mulher suja a casa, usa os pratos, desarruma a cama?

Rosa é de menina e azul é de menino?

Mesmo sem perguntar o motivo, muitas pessoas reproduzem o estereótipo de que rosa é cor para meninas e azul é cor para meninos, como se as cores definissem, de alguma forma, a sexualidade. Essa realidade é recente e não tem nenhuma base científica; portanto, não influencia no desenvolvimento da sexualidade de meninos e meninas e, muito menos, na identidade de gênero.

Vamos entender essa história

Segundo a pedagoga Caroline Arcari, na Idade Média, a roupa branca com babados e bordados vestia meninos e meninas até os 6 anos de idade. O branco trazia a ideia da pureza e da inocência da criança. E, até hoje, essa é a cor para o enxoval dos filhos na preferência de muitos pais.

A cor azul, ao contrário do que se propaga hoje, era o tom das vestimentas femininas, a partir da religião cristã, que introduziu essa ideia. Tanto que a imagem da Virgem Maria contava com uma túnica, cuja tonalidade era num tom azul-claro, que representa a delicadeza e a maternidade.

Por outro lado, a cor rosa era símbolo de força e poder, uma representação do sangue diluído, fruto de grandes batalhas e conquistas com o uso da coragem. Assim, meninos usavam rosa. Se você fizer uma pesquisa, vai ver várias obras de arte com homens usando roupas no tom rosa, como o rei Luís XV da França.

Após a Revolução Industrial, o comércio passou a ter forte influência sobre as cores e os padrões de consumo. Em 1927, numa pesquisa realizada pela revista *Time*, três lojas se posicionaram a favor da cor rosa para as meninas, outras três reafirmaram o seu uso para os meninos e uma outra recomendou para ambos, sem distinção.

Uma referência importante, que pode ter contribuído para essa questão, foi a esposa do presidente Dwight Eisenhower – o 34º presidente dos Estados Unidos, de 1953 a 1961. Na cerimônia de posse, a primeira-dama, Mamie, apareceu com um vestido rosa exuberante e, a partir daí, passou a usar a cor rosa em muitos compromissos de governo. Com essa forte influência, o rosa começou a estar presente nos produtos para meninas, incluindo roupas e lacinhos.

Com isso, verificamos que não há nenhuma explicação científica e, no caso, nenhuma base genética para que justifique essa divisão de cores. O que sabemos é que o que desperta a atenção de crianças até os 2 anos de idade são as cores fortes, como vermelho, cor de abóbora ou azul intenso – tanto que a maioria dos brinquedos vem nessas cores.

Qual o papel da discussão de gênero na educação das crianças?

Para ajudá-lo a entender ainda melhor o que é gênero, quero reforçar algumas ideias e conceitos tratados no capítulo 3.

O termo "gênero" é a construção social, a imagem que homens e mulheres têm em uma cultura, e que não é igual para todo mundo. Com isso, quero dizer que essa imagem pode mudar de cultura para cultura, como já vimos antes, e o padrão masculino e feminino não segue o mesmo roteiro.

Dessa forma, as relações de gênero são as expectativas que se criam em torno dos papéis de homem e de mulher numa sociedade. Como construção social, cada cultura estabelece o que é "coisa de homem" e "coisa de mulher". No nosso país, por exemplo, desde o nascimento, espera-se que o homem seja viril e a mulher, frágil. Encontramos essas diferenças no comportamento, nas brincadeiras, nas vestimentas e até mesmo nos cumprimentos. Vejamos um exemplo a seguir.

É comum no nosso país homens usarem saia ou se cumprimentarem com beijo?

Mesmo que um homem ou outro vanguardista use, não faz parte da nossa realidade. Além da Escócia, há outros países onde uma saia ou vestido são considerados roupas tradicionais masculinas e usados na vida cotidiana, no trabalho e na escola, independentemente da idade.

Assim: o kilt é usado na Escócia; o gho, no Butão; a jelaba, no Marrocos; a fustanella, na Grécia; o sulu, em Fiji; e o hakama, no Japão. Essas e outras culturas têm a tradição de homens usarem saias, vestidos ou vestimentas que lembram túnicas.

Em relação aos cumprimentos, o hábito mais comum entre homens brasileiros é o aperto de mão, o abraço e o "tapinha" nas costas. Em alguns casos, o beijo no rosto. Na Rússia, além do beijo no rosto, que é sinal de fraternidade, os russos beijam-se na boca quando querem demonstrar gratidão.

Essa diferença de comportamento também encontramos no mundo árabe, onde é comum os homens andarem de mãos dadas em sinal de amizade e se beijarem na bochecha ao se encontrarem e se despedirem.

Então, quando ouvimos que alguns pais não querem que se fale de gênero com as crianças, entendemos que não querem que se fale a respeito de "homem" e "mulher", de feminino e masculino, que é o conceito de gênero, na verdade. Se alguém traz outra ideia, saiba que não se adequa a esse tema ou que faz parte daquelas milhares de *fake news*, as quais, infelizmente, invadiram as redes sociais nos últimos anos.

Uma dica importante: para opinar é preciso se informar. Essa é inclusive uma forma segura de ajudar seu filho a não seguir informações infundadas, que só trazem prejuízo.

Como vimos no capítulo 3, trazer esse tema para a educação das crianças é educá-las para entenderem as diferenças culturais; que nem sempre as pessoas vão ser iguais aos pais; que gostar de azul não o torna inferior a quem gosta de amarelo; que os direitos precisam ser iguais, independentemente do gênero e que cada pessoa tem um jeito e deve ser respeitada por isso.

A equidade de gênero é a base para o combate à violência doméstica, mas muitos pais não gostam de falar desse tema tão pesado, apesar de importante, com os filhos. Entretanto, é possível intervir de forma adequada à idade, passando, entre outras, a ideia de que nem todas as relações são assim; e, com isso, não se furtar de educar os filhos para saberem que todas as pessoas devem ter as mesmas oportunidades.

Ideologia de gênero

Ideologia de gênero não é um conceito científico e, portanto, não traz em seu DNA, digamos assim, a verdade da ciência. É uma invenção que reforça a desigualdade e o preconceito.

Podemos entender ideologia como um conjunto de ideias ou uma idealização sobre algo. É uma convicção que, em determinadas situações, pauta a maneira como as pessoas se comportam no dia a dia.

Os estudos de gênero partem de uma constatação fundamental: a de que todas as pessoas possuem os mesmos direitos. Essa afirmação aparece na Declaração Universal dos Direitos Humanos, de 1948: "Todos os seres humanos nascem livres e iguais em dignidade e direitos". A declaração é reforçada em diversos outros documentos e leis, como a Convenção Americana sobre Direitos Humanos e a Constituição Federal Brasileira, que diz, em seu artigo 5º: "Todos são iguais perante a lei [...]". A ideia que embasa todos esses textos é a de que, para além das diferenças biológicas que definem cor de pele, sexo, estatura, características físicas, sensoriais ou intelectuais, todos deveriam ter os mesmos direitos assegurados.

"Mas então a ideologia de gênero não quer impor uma orientação sexual para as crianças?"

Claro que não! Partindo da premissa de que essa expressão é uma invenção, logo vê-se que o objetivo é distorcer todos os conceitos que garantam os direitos das pessoas, especialmente as da comunidade LGBTQIAP+. Não existe a intenção de impor um desejo, um estilo de vida ou mudar a orientação sexual de uma pessoa – valendo lembrar que isso não é possível. O que se objetiva é mapear as desigualdades e transformá-las em oportunidades iguais, para que todas as pessoas tenham os mesmos direitos.

Sabemos que o preconceito em relação às questões de gênero influencia diretamente nos diferentes aspectos da vida de uma pessoa: no trabalho e na renda; no cotidiano de casa e na escola; no grupo de amigos; na rua; na saúde mental e na consequente falta de oportunidades.

A escola dos seus filhos, ao planejar um trabalho a respeito desse tema, cumpre o compromisso ético e educacional de estabelecer uma educação inclusiva, muito diferente de "doutrinação", como insistem muitos pais.

Educar para a inclusão é ensinar aos alunos, seus filhos, que todas as pessoas são iguais, independentemente de o núcleo familiar ser composto por dois pais ou duas mães, de serem imigrantes, cadeirantes ou de terem origens diferentes. Cada pessoa é de um jeito, o modo como se comporta ou se relaciona não é motivo para que seja tratada de forma desigual, pois *diferença não significa desigualdade*. Em caso de dúvidas, é só reler o artigo 5º da nossa Constituição Federal.

Educando meninas

A organização humanitária Plan International Brasil realizou em 2014 uma pesquisa com 1.771 meninas de 6 a 14 anos de idade, nas cinco regiões do Brasil. O resultado nos mostra que a desigualdade começa dentro de casa, com uma educação que favorece os meninos em detrimento das meninas. Apesar de não ser uma pesquisa tão recente, a realidade atual e os inúmeros relatos de educadores nos mostram que muito pouco mudou.

O estudo, intitulado *Por ser menina no Brasil: crescendo entre direitos e violências*, revelou que: 81,4% das meninas arrumam a própria cama, tarefa que só é executada por 11,6% dos irmãos meninos; 76,8% das meninas lavam a louça e 65,6% limpam a casa, enquanto apenas 12,5% dos irmãos lavam a louça e 11,4% limpam a casa. Além disso, 28,8% das meninas lavam a roupa e 21,8% passam. Entre os garotos esses números são, respectivamente, 6,4% e 6,2%. Ainda nos afazeres domésticos, 41% das meninas cozinham e 34,6% cuidam dos seus irmãos. Já os entre os garotos, 11,4% fazem a comida e 10% participam do cuidado dos irmãos. A pesquisa constatou que o trabalho doméstico das meninas é mais presente na zona rural (74,3% das meninas nas escolas rurais declararam limpar a casa) que no meio urbano (o percentual desce para 67,6% nas escolas públicas urbanas e para 46,6% nas escolas particulares urbanas).

Os dados comprovam como a educação das meninas é diferenciada em relação à dos meninos, como temos falado. Uma garotinha que, antes de ir para a escola, precisa arrumar a casa e lavar a louça, e, ao chegar, preparar o almoço e cuidar dos irmãos menores, está assumindo um papel que não lhe cabe e traz muitas consequências, como a falta de tempo para estudar ou a necessidade de faltar às aulas.

Atribuir assim essas tarefas é uma forma de naturalizar que cabe à menina, e, mais tarde, à mulher, o papel de cuidadora. Enquanto elas arrumam a própria cama, os irmãos saem para brincar e jogar bola, pois cuidar da casa "não é coisa de menino". Daí a importância de conversar sobre o tema, de forma que os pais se conscientizem a mudar essa educação desigual.

A mesma organização criou, nos estados do Maranhão, Piauí e São Paulo, o projeto Escola de Liderança para Meninas, com o objetivo de "apoiar o empoderamento das meninas para a prevenção das violências baseadas em gênero, desenvolvendo suas habilidades para a vida, seus conhecimentos sobre seus direitos e incentivando sua participação cidadã", segundo o site da instituição.[1]

Por que é importante mencionar esse projeto neste livro? Porque os pais podem buscar, junto da escola de suas filhas, a realização de algo similar, o que será relevante para o seu desenvolvimento não só pessoal, mas, mais tarde, profissional. No mercado de trabalho, os direitos das mulheres e dos homens são díspares e, se a menina tiver essa consciência desde cedo, terá mais condições de reivindicar o que é justo.

Milhares de meninas no Brasil são educadas para pensar que são "menos que os meninos" e, por isso, conformam-se com a falta de oportunidades iguais, não lutando para serem ouvidas. Trabalhar o empoderamento é muito importante nesse contexto de vulnerabilidade, e para as meninas é condição *sine qua non*.

---

[1] Para saber mais, acesse https://plan.org.br/ e https://plan.org.br/projetos/escola-de-lideranca-para-meninas/.

Foto: Freepik

CAPÍTULO 6

Perguntas de deixar o cabelo em pé!

Criança pergunta cada coisa!

"Como o bebê entra na barriga da mamãe?"
"Por que menino usa cueca e menina usa calcinha?"
"Posso fazer xixi sentado?"
"Por onde sai o bebê que está na barriga da mamãe?"
"O que é camisinha?"

Essas são algumas das perguntas que, se o seu filho ainda não fez, um dia pode fazer, e aí não tem hora: pode ser em casa quando estiverem a sós, na hora do jantar com todo mundo à mesa, ou no elevador. Mas não precisa se apavorar. Se entendermos que todo mundo passa por isso e que muitos de nós fizemos o mesmo com nossos pais, certamente será mais fácil manejar a situação. Lembre-se de que perguntar ainda é a maneira mais fácil de aprender.

Neste capítulo, você encontra algumas dicas de como lidar com essas temíveis perguntas. Dependendo do que lhe for perguntando, você pode entender que seu filho precisa de um pouco mais de informação e acabar falando bastante, e tudo bem! Ou pode ser que entenda que é melhor ser breve, e nenhum problema! Não precisa dar uma aula de ciências, o importante é ele saber que tem em casa pessoas que podem tirar suas dúvidas quando necessário. E não há receitas prontas, você que é o "termômetro" para saber até onde ir.

Adapte as respostas à idade, à maturidade da criança, ao jeito que se sente mais confortável, conforme sua realidade e aquilo em que você acredita. Apenas cuide para que esteja sempre de acordo com a informação científica. Procure ser objetivo; se enrolar, a criança não vai se interessar, e aí você perde a oportunidade de iniciar essa conversa. Caso você não saiba a resposta no momento, diga que vai se informar melhor e que depois responder. Mas não se esqueça.

Possíveis perguntas e respostas

▶ *"O que é isto?" [referindo-se ao pênis do pai]*
R.: Isso que o pai tem pendurado entre as pernas e o menino também tem é o pênis, mas algumas pessoas chamam de "pinto", "piru"...

▶ *"E essa cabecinha?"*
R.: A cabeça se chama glande, com "L" mesmo, e é bastante sensível. E esse buraquinho por onde sai o xixi é a uretra.

▶ *"Por que o pênis do papai é maior que o meu?"*
R.: Porque o papai é maior que você. Assim como meus braços e pernas são maiores, meu pênis é maior também.

▶ *"Por que o pênis do meu colega é maior que o meu?"*
R.: Porque seu colega é diferente de você. As pessoas são diferentes umas das outras. Assim como os olhos, os cabelos e o rosto são diferentes, o pênis do seu amiguinho pode ser diferente do seu.

- *"O que é esse saquinho embaixo do meu pênis?"*
R.: Esse saquinho, que é bem sensível, tem um nome diferente: bolsa escrotal. As duas bolinhas que existem dentro dele são os testículos. São eles que produzem os espermatozoides. [Obs.: não precisa dizer o que é espermatozoide, se seu filho ficar curioso, ele perguntará a você.]

- *"Olha! Ele fica duro!"*
R.: É, meu filho. Isso acontece de vez em quando.

- *"Entra um osso dentro?"*
R.: Não, entra sangue, e é isso que faz ele ficar duro. Mas depois volta ao que era antes. [Obs.: se quiser, pode dizer que geralmente isso ocorre quando o menino está mexendo no pênis].

- *"E o do papai, fica duro?"*
R.: Fica, sim, algumas vezes!

- *"As meninas têm pinto também?"*
R.: As meninas têm vulva [diga sempre o nome correto], que muitos coleguinhas seus chamam de "pepeca". E é o que a menina tem entre as pernas; a vulva tem muitas partes importantes.

- *"O que é vagina?"*
R.: É um canal (buraquinho) por onde entra o pênis durante a relação sexual. É por esse canal também que sai o bebê no parto normal. (Caso seu filho tenha nascido de parto normal, aproveite e conte que foi desse jeito que ele nasceu.)

- *"Mãe, eu quero fazer xixi de pé como meu mano!"* [uma menina se referindo ao irmão]
R.: Você pode, mas vai molhar a tampa do vaso sanitário e também o chão. Seu irmão faz xixi em pé porque é mais fácil para ele. Se ele for fazer xixi sentado, vai ter de segurar o pênis para

baixo. [Obs.: alguns meninos ficam com vontade em fazer xixi sentados e isso não tem problema. É uma curiosidade que vem do fato de ver a irmã ou mesmo você fazendo xixi.]

▶ *"Por que fica molhado no meio das minhas pernas?" [menina perguntando]*
R.: Já percebeu que isso acontece quando você fica brincando com a sua vulva? É uma lubrificação, quer dizer, fica molhadinha.

▶ *"Como a 'sementinha' entra na mamãe?", ou "Como são feitos os bebês?", ou "Como o bebê entra na barriga da mamãe?"*
R.: Quando um homem e uma mulher se gostam, eles sentem vontade de ficar juntinhos, de que o corpo de um tenha contato com o corpo do outro, de terem uma relação sexual, que também muitas pessoas chamam de "fazer amor". Aí, pode começar com o homem fazendo carinho na mulher e a mulher fazendo carinho no homem. Eles ficam bem juntinhos, bem abraçados e, então, a sementinha do papai, que se chama espermatozoide, entra na mamãe e se encontra com o óvulo dela, e aí pode acontecer de se fazer um bebê. [Obs.: caso sinta necessidade de explicar um pouco mais, você pode utilizar um livro infantil sobre o assunto como recurso.]

▶ *"De onde as cegonhas trazem os bebês?"*
R.: Não são as cegonhas que trazem os bebês! Eles nascem da mulher e, na maioria das vezes, na maternidade. Mas há casos em que nascem em casa.

▶ *"Meu amiguinho diz que não nasceu da barriga da mãe dele..."*
R.: Ele deve ser filho adotivo. É aquela criança que nasceu da barriga de uma outra mamãe, mas por um motivo sério ela não pôde

ficar com ele. Aí uma outra pessoa, que é a mamãe dele agora, o adotou. O seu amiguinho não nasceu da barriga dessa mãe agora, mas do coração dela e do pai, e eles têm muito amor por ele.

▸ *"O que é bater punheta?"*
R.: É quando o menino fica brincando com o pênis. É a mesma coisa que masturbação.

▸ *"O que é tocar siririca?"*
R.: É quando a menina fica brincando com a vulva. É a mesma coisa que masturbação.

▸ *"O que é sexo anal?"*
R.: É quando o homem coloca o pênis no ânus (no buraquinho do bumbum) de outra pessoa. O ânus é por onde sai o cocô. [Obs.: se considerar adequado e de acordo com a faixa etária, aproveite e diga que, para a relação anal, assim como para outras práticas sexuais, a outra pessoa deve estar sempre de acordo e é fundamental o uso da camisinha.]

▸ *"O que é sexo vaginal?"*
R.: É quando o homem coloca o pênis dentro da vagina. É dessa forma que se faz o bebê.

▸ *"O que é sexo oral?"*
R.: É quando o pênis do homem e a vulva da mulher são estimulados pela boca.

▸ *"O que é boquete?"*
R.: É a expressão popular para sexo oral.

▸ *"O que é orgasmo?"*
R.: Quando uma pessoa tem uma relação sexual ou fica se tocando (que a gente chama de masturbação), chega um

momento em que ela tem uma sensação muito boa. Isso é orgasmo.

▶ *"O que quer dizer ejaculação?"*
R.: É quando os espermatozoides saem do pênis.

▶ *"Como beija na boca?"*
R.: Tem vários tipos de beijo e depende da intimidade entre as pessoas que vão se beijar. Elas podem encostar os lábios ou abrir um pouco mais. Ou, ainda, abrir mais a boca e encostar uma língua na outra. Mas isso não é coisa de criança: quando você crescer e for beijar, vai saber como é.

▶ *"O que é sapatão?"*
R.: É o nome que se dá para as mulheres que preferem namorar outras mulheres. Só que essa é uma maneira feia de se referir a essas mulheres, que merecem respeito como todas as outras.

▶ *"O que é boiola?"*
R.: É o nome que se dá para os homens que preferem namorar outros homens. Só que essa é uma maneira feia de se referir a esses homens, que merecem respeito como todos os outros.

▶ *"O que quer dizer 'mulher da vida'?"*
R.: É o nome que se dá às mulheres que recebem dinheiro dos homens para terem relações sexuais. Elas são conhecidas como prostitutas, putas ou profissionais do sexo e merecem nosso respeito. Existem algumas pessoas que gostam de chamar as mulheres desse jeito para ofendê-las utilizando uma dessas expressões.

▶ *"O que é estupro?"*
R.: É quando uma pessoa usa a força física ou ameaças para fazer sexo quando a mulher não quer. É uma coisa muito triste e é crime. [Obs.: reforce a ideia de que não é não!]

▶ *"O que é camisinha?"*
R.: É uma capinha de borracha bem fininha que se coloca no pênis antes da relação sexual, para que o espermatozoide do papai não encontre com o óvulo da mamãe.

▶ *"Mulher também pode usar camisinha?"*
R.: Pode, só que a camisinha é diferente. A camisinha feminina é um saquinho um pouco maior e mais longo que a camisinha do homem, feita com um material parecido. [Obs.: se você se sentir confortável ou achar que na idade do seu filho é possível, pode mostrar uma camisinha e, com a ajuda de uma ilustração, explicar como usa.]

▶ *"O que é cordão umbilical?"*
R.: É um cordão que fica na barriga do bebê antes de ele nascer e que leva alimento para ele ficar gordinho. Você se alimentava assim. E a pontinha que sobrou do cordão, quando o médico o cortou, hoje é seu umbigo.

▶ *"Que sangue é esse que sai do meio das pernas da mamãe todo mês?"*
R.: Esse sangue, que sai pela vagina uma vez por mês e dura, mais ou menos, de três a quatro dias, é a menstruação. Significa que a mulher não está esperando um bebê, e, para não sujar a calcinha, ela coloca o absorvente.

▶ *"A minha colega estava colocando um pauzinho dentro da calcinha dela..."*
R.: Não pode fazer isso! É um local muito sensível e pode machucar. Como também não pode colocar no nariz, no ouvido, na boca...

▶ *"Na casa do meu colega, a mãe dele não deixa ele andar sem roupa, não..."*

R.: Cada família age de um jeito diferente e as pessoas devem respeitar isso. [Obs.: **CASO NA SUA CASA VOCÊS ANDEM SEM ROUPA**, você pode complementar, dizendo que "aqui em casa a gente acha que não tem nada de mais, por isso andamos sem roupa. Mas só quando estamos sozinhos em casa e de vez em quando. Mas nem todo mundo pensa como a gente". **CASO NA SUA CASA VOCÊS NÃO ANDEM SEM ROUPA**, uma resposta pode ser: "Aqui também a gente não gosta. Sabe, seu pai e eu ficamos com vergonha de andar pelados. Por isso também não gostamos que você ande sem roupa".]

▸ *"Por que a mamãe tem cabelo lá embaixo?"*
R.: PARA AS MENINAS: lá embaixo tem um nome e é vulva. Muitas pessoas não gostam de ouvir esse nome porque acham feio, mas todas as mulheres adultas têm cabelo na vulva. Quando você crescer, também terá. E as mulheres que não têm é porque raspam os pelos. **PARA OS MENINOS:** quando você crescer, também terá cabelo em volta do pênis e na bolsa escrotal (que é o nome do seu saquinho).

▸ *"Por que o papai não tem peitos como a mamãe?"*
R.: Os homens não têm seios como a mulher porque eles não dão de mamar para o bebê. As mamas, ou seios, são para que as mamães alimentem seus bebês.

▸ *"Por que eu não tenho leite igual à mamãe?"*
R.: PARA AS MENINAS: porque você ainda é pequena. Quando crescer, e caso queira ter um bebê, também vai poder dar de mamar para ele. **PARA OS MENINOS:** os homens não podem dar de mamar, pois não têm leite. Só as mulheres que têm bebês é que têm leite nos seus seios.

▸ *"Por que a mamãe tem peitos e cabelo embaixo do braço e eu não?"* [pergunta de uma menina]

R.: Porque a mamãe é maior. Mas você tem peitos também, só que pequenos. Quando você crescer, os seios (é assim que a gente chama) também vão, assim como os da mamãe, e você também terá pelos embaixo do braço, na vulva...

▸ *"Posso me pintar?" [pergunta de um menino, ao pegar a maquiagem da mãe]*
R.: Quem usa maquiagem são as mulheres, mas muitas preferem sair sem usar nada mesmo. Alguns meninos, também, por curiosidade, pintam o rosto para ver como é. Não é comum, no nosso país, os homens usarem maquiagem, mas outros povos andam pintados e é normal entre eles.

▸ *"Por que menino usa cueca e menina usa calcinha?"*
R.: Porque existem as roupas de homem e as roupas de mulher. A cueca é a roupa que o homem usa para proteger o pênis, e a calcinha é a roupa que a mulher usa para proteger a vulva, porque são lugares sensíveis do corpo. [Obs.: se quiser complementar, pode contar que muitas roupas são unissex, e que mesmo a saia, que é uma vestimenta feminina, é usada por homens em muitos países e faz parte do vestuário masculino.]

▸ *"Por que não posso namorar?"*
R.: Ah! Você está na idade de brincar; mais tarde, vai namorar e quando crescer, se quiser, pode se casar. Namorar não é coisa de criança!

Foto: pressfoto/Freepik

CAPÍTULO 7

Situações delicadas

Quando a criança "flagra" os pais transando

Não dá para fingir que nada aconteceu, até porque a criança pode criar fantasias distorcidas do que é uma relação sexual. O mais adequado é, no dia seguinte, de maneira informal, dizer ao filho: "Acho que ontem você viu o papai e a mamãe fazendo amor, tendo uma relação sexual!". Diante da resposta dele, pode completar: "Você sabe o que é isso?".

Se seu filho for pequeno, você pode adequar a resposta; o importante é que ele não fique com caraminholas na cabeça e vá perguntar a outra pessoa. Caso ele seja um pouco mais velho, você pode utilizar um livro de educação sexual infantil para orientá-lo e explicar sobre outras dúvidas que ele certamente terá curiosidade em saber. E, claro, você é quem define quando e o que informar.

Caso você não tenha começado a falar sobre sexo em casa, talvez esse seja um excelente gancho para iniciar a educação sexual dos seus filhos.

Quando a criança dorme no quarto dos pais

É uma situação delicada, à qual os pais devem se adequar, não só por causa dos filhos, mas para que não atrapalhe intimidade dos dois.

A preocupação natural de que o filho possa acordar de repente tira a espontaneidade da vida sexual do casal. Não há problema que, vez ou outra, a criança acorde e veja vocês tendo relação. Mas sugiro que, de acordo com a sua realidade, cada família se organize, fechando a porta do quarto com chave ou, se a criança dorme no mesmo cômodo, procurando separar o berço ou a caminha do bebê com uma cortina, um biombo, um guarda-roupa ou buscando outros horários para ficarem mais íntimos.

Quando a criança tem o próprio quarto

É muito comum a criança ir para o quarto dos pais, se jogar na cama entre os dois e fazer pirraça para não dormir em seu quarto sozinha. É importante que fique claro para ela que, em muitos momentos, os pais querem ficar sozinhos no quarto para conversar ou para namorar.

Ensine à criança, desde pequena, que se deve bater à porta do quarto dos pais e esperar que respondam se ela pode entrar. Os pais também devem fazer o mesmo quando forem ao quarto da criança, para criar uma contrapartida de respeito. Caso acorde à noite, não há problema em ela terminar de dormir no quarto do casal. Mas não se esqueça de que, na maioria das vezes, é mais adequado fazê-la dormir de novo no próprio quarto.

Nudez no lar, tomar banho juntos...

Essa é uma daquelas questões pessoais e não cabe a nós intervir, mas informar e orientar. Digo isso porque *ficar nu* ou *tomar banho* na frente dos filhos tem a ver com a relação que cada pessoa tem com o próprio corpo. Forçar um comportamento para mostrar uma naturalidade que não existe não faz sentido, porque, além de você estar se violentando, a criança vai perceber que você não está confortável. *Naturalidade*, como estamos vendo, é a palavra-chave dessa proposta de educação sexual de crianças.

Cada família tem sua própria forma de enxergar a questão: umas acham supernormal; outras são mais conservadoras; umas vão além e são adeptas ao naturismo; outras definem de forma bem clara os lugares em que a nudez dentro de casa é permitida. Mas uma coisa é fato: as famílias são diferentes umas das outras, agem diferentemente e trazem conceitos sobre sexualidade com que podemos nem sempre estar de acordo, mas que devemos respeitar – claro, dentro de valores éticos que não infrinjam a lei nem deturpem informações embasadas cientificamente. Como educador, meu papel é orientá-los para que a educação sexual de crianças contribua satisfatoriamente para seu desenvolvimento físico, afetivo, social e cognitivo.

A respeito da nudez, a criança não tem malícia, mas uma enorme curiosidade, e essa é mais uma etapa do desenvolvimento. Curiosidade, aliás, que o adulto também sente, mas costuma disfarçar quando se vê diante de um corpo nu. Com o passar dos anos, a curiosidade diminui, e a criança começa a se resguardar mais e a desenvolver um sentimento de pudor e vergonha, evitando tomar banho com os pais. Ela busca a própria privacidade e evita ficar perto deles sem roupa, o que deve ser respeitado, porque é muito importante para sua intimidade. No entanto, nessa fase, alguns pais dizem: "Não sei que vergonha é essa! Já lavei muito esse piru e agora não quer mais que eu lave?!". Afirmações como essa mostram uma dificuldade de os pais aceitarem que seu filho está crescendo e já começa a querer privacidade.

Vez ou outra, em palestras, os pais me perguntam se devem tomar banho com o filho ou não. Sem pestanejar, eu digo que não!

"Como assim, Marcos?"

Se me perguntaram é porque, para eles, não é natural e acham que precisam do aval de um especialista para começar a fazer a "coisa certa". Então, devem agir de acordo com o que se sentem mais à vontade. Nada de forçar a barra.

Não quero dizer que você deva abolir a roupa e andar como se estivesse numa praia de nudismo. Não é isso! A questão é não ficar com vergonha quando o filho entra de supetão no quarto e pega você sem roupa. Ou saber o que fazer se, ao terminar o banho, perceber que esqueceu a roupa no quarto e não ficar sem graça em ter que sair nu do banheiro.

Essa orientação só vai funcionar se os pais se sentirem tranquilos, se compartilharem da ideia de que andar sem roupa em casa ou tomar banho com os filhos não tem nada de mais, de que isso não trará problemas para eles mais tarde. No entanto, se ficarem constrangidos, é melhor que se respeitem. Se não for natural e ficarem parecendo "robôs" sem roupa, a criança vai perceber e será essa a imagem que terá da nudez, como algo que causa vergonha.

Conceitos importantes

- A nudez está presente na nossa vida desde que nascemos. No caso das crianças, está dentro de casa, na creche, nos banhos coletivos ainda quando pequeninos, nas trocas de fralda, nas idas ao médico...
- A nudez natural é diferente da nudez relacionada à violência e ao abuso sexual; o toque de carinho é diferente do toque abusivo. Em situações-limite, cabe aos pais orientarem os filhos sobre como agir e buscar ajuda. A educação é uma forte aliada da prevenção da violência sexual com crianças.
- O nu está presente nas obras de arte; em desenhos em que os personagens aparecem tomando banho; ou na Capela Sistina, com Adão tocando os dedos de Deus – e não há nenhum pecado nisso, até porque "não podemos ter vergonha de falar do que Deus não teve vergonha de criar", como disse Frei Betto em prefácio ao meu livro *Sexo sem mistérios*.
- É importante diferenciar nudez de pornografia, que passa uma imagem do corpo distorcida da realidade com o objetivo principal de excitar e fazer com que o público o consuma como um produto.

- A naturalidade a que nos referimos contribui para uma vivência natural da sexualidade e, em casa, faz as crianças se sentirem mais confortáveis com o próprio corpo, dentro dos limites estabelecidos por vocês. Ao crescerem, será bem mais fácil para eles se aceitarem do jeito que são, independentemente do padrão estético estabelecido pela sociedade, sem vergonha diante de si mesmos ou diante dos colegas quando estiverem em uma academia ou vestiário após uma prática esportiva.

Situações que podem surgir

- A criança pode começar a perguntar sem parar: você deve estar preparado para responder.
- O pai tomando banho com a filha: ela pode perceber a diferença entre o próprio corpo e o do pai e perguntar o que é, apontando para o pênis. Caso não tenham conversado a respeito, falar que "o corpo do papai é diferente, tem pênis, e que é por onde sai o xixi"... continuar a explicação depende de cada pai.
- A criança pode querer andar o tempo todo sem roupa: explicar que, se tiver visita em casa ou for para a rua, precisa se vestir. E que, mesmo em casa, não há necessidade de andar o tempo todo sem roupa.

Quando pai e mãe não se sentem à vontade

Se vocês não se sentem à vontade com a nudez, digam à criança que preferem que ela use roupas na maior parte do tempo em casa. Podem explicar que, talvez por terem sido acostumados pelos avós a determinada forma de agir quando pequenos, não gostam de ver uma pessoa pelada pela casa.

Ressaltem que cada família pode decidir como prefere se comportar dentro de casa, e que eles mesmos, quando crescerem, vão poder ditar como querem que seja na casa deles e com os filhos deles, caso queiram tê-los.

Quando o bebê tem ereção

Na hora da amamentação

A boca é uma parte importante de um conjunto de conexões nervosas que constituem o sistema em relação à resposta sexual. Também fazem parte desse sistema a pele, os olhos, os sentidos (paladar e olfato) e os órgãos genitais. Todos estão ligados ao centro sexual localizado no cérebro, onde o prazer é sólido – seja seu filho menino ou menina.

O bebê aprende, logo que nasce, a reconhecer a mãe pelo sabor pelo e cheiro do bico do seio, bem como pela visão de seu rosto e pelo som de sua voz. Isso tudo está associado à satisfação de mamar, de ser alimentado e de sentir o calor da pele da mãe. Essas sensações são transmitidas para a parte consciente do cérebro e, através de outras conexões, ao centro sexual, que as percebem como agradáveis.

A intimidade entre os pais e os filhos com as trocas afetivas e os abraços, o cuidado no banho e a amamentação serão muito importantes na formação de vínculos. Sem isso, a criança poderá ter uma grande dificuldade na constituição de relações íntimas pessoais – e aqui não estou falando da sexualidade.

A ligação nervosa muito direta entre o centro de prazer e o pênis ou o clitóris propicia a ereção desses órgãos, bem como a lubrificação vaginal, em situações de intimidade como a hora do banho ou a amamentação. Nesse caso, a sensação de ser cuidado pela mãe, associada às mensagens transmitidas ao cérebro pelos terminais nervosos da boca, é interpretada como prazer e, assim, ativa os reflexos sexuais.

Em relação a essa ereção, talvez você nem imagine, mas pesquisas mostram que, com os bebês do sexo masculino, elas já acontecem quando estão no útero e também nos primeiros minutos após o nascimento. E o mesmo ocorre com as meninas, com a ereção do clitóris, de forma menos visível, e a lubrificação vaginal.

Na hora do banho

Devido à rede de prazer das conexões nervosas, das quais acabamos de falar, é natural que, na hora em que os pais estão dando banho (mas também trocando a fralda ou limpando o bumbum), a criança tenha uma resposta de satisfação, que pode ser a ereção do pênis ou do clitóris e a lubrificação vaginal.

Quando a criança fala palavrão

Os palavrões falados por uma criança pequena não têm o mesmo significado que para um adulto. Na maioria das vezes, ela repete os palavreados em casa porque está na fase de aprender novas palavras, sem que saiba o significado.

Quanto mais os pais derem bronca ou ameaçarem bater, mais ela ficará repetindo como um papagaio – é uma fase do comportamento imitativo, isto é, imitam tudo o que os outros fazem e dizem.

Como nesse período a criança está vivenciando a descoberta da sexualidade, é comum que os palavrões estejam relacionados ao sexo. Em poucos meses, essa fase passa. É preciso ter paciência.

Algumas dicas para ajudar nessa fase

1. Explique o significado dos palavrões e traduza pelos nomes que as pessoas costumam dizer normalmente e que não ofendem a quem ouve.
2. Reitere o que já falamos neste livro: a maioria das pessoas se sente ofendida ou constrangida quando ouve essas palavras ou é xingada dessa forma, e devemos respeitar a todos. Começa aí a noção de limite, importante para a boa convivência social.

3. Não fique medindo forças com seu filho. Fazer uma "guerra de nervos" não ajuda em nada! É uma fase e passa.
4. Verifique se o palavrão não está sendo usado para agredir você ou chamar a sua atenção. O que ele está querendo dizer com o palavrão? E procure ajudá-lo.

Menino meio "afeminado" / menina "machinho"

"Afeminado" é um termo que as pessoas utilizam para ofender e discriminar, e cabe aos pais protegerem seus filhos de todo tipo de preconceito ou situações constrangedoras.

É fundamental não criarem rótulos. Um comportamento mais "delicado" não caracteriza uma orientação homossexual – assim como um comportamento machista não caracteriza a heterossexualidade. Quando estamos falando de crianças, a questão é mais séria porque ainda não estão com a sua identidade de gênero definida e essa dualidade de comportamento é característica da faixa de idade.

Ser homossexual não é uma escolha ou opção, como já explicamos. A ciência ainda não tem clareza sobre o que faz uma pessoa ter desejo homo, hetero ou bissexual. Sabemos que é parte integrante da personalidade e se desenvolve com ela, mas estamos longe de dizer que a causa sejam os componentes genéticos (biológicos), os psicológicos (incluindo a relação com os pais) ou a interação com o social. A inter-relação dos três fatores é a mais provável.

Essa angústia e cobrança com o comportamento dos filhos está muito mais na cabeça dos pais, com todas as expectativas que a sociedade cobra, do que na realidade em si. A sexualidade é um sistema bem mais complexo e não é, necessariamente, um comportamento mais feminino ou masculino, dentro dos nossos padrões culturais, que vai dizer claramente a orientação sexual de uma pessoa.

Se o menino faz balé, pronto, ele já é afeminado; se a menina joga bola, já vão considerá-la masculinizada. Conversar com os filhos, fortalecê-los e ensiná-los a lidar com as brincadeiras de mau gosto e a saberem se defender é papel dos pais na educação de seus filhos.

O que o menino e a menina devem ter é a chance de brincar tanto as brincadeiras consideradas masculinas quanto as consideradas femininas. É ter o acesso aos dois modelos, como experimentação.

Caso o seu filho queira brincar só na roda das meninas, recusando todos os passatempos dos garotos, você pode ajudá-lo, identificando em qual das brincadeiras ou jogos tipicamente masculinos ele tem mais habilidade e, aos poucos, inseri-lo e incentivá-lo. Forçá-lo a jogar bola, a soltar pipa ou a participar de qualquer atividade em que ele não leve o menor jeito só vai piorar a situação.

E, com a menina que só gosta de jogar bola com os garotos, que ela tenha a oportunidade de brincar de casinha, comidinha e boneca, dentro do que a nossa cultura estabeleceu como brincadeira de menina.

Muitas vezes, o fato de não brincar com um grupo ou outro pode ser por medo, insegurança ou dificuldade de se entrosar. E vocês podem ajudá-los a vencer essas barreiras.

Foto: Freepik

CAPÍTULO 8

A influência dos meios de comunicação e outras mídias na sexualidade da criança

Que influência é essa?

A mídia, especificamente a TV (aberta e fechada), exerce uma influência significativa no cotidiano de todos nós. No que tange a crianças e jovens, então, nem se fala, principalmente por estarem na fase de formação dos valores, conceitos e modelos de conduta.

Os pais, sempre que perguntamos a respeito, reclamam da programação da televisão, considerando-a imprópria para os filhos. Muitos, inclusive, migraram para os canais fechados, como se esses também não passassem seus conceitos. Se antes era o apelo sexual que mais incomodava, hoje, além do sexo, há a violência. Soma-se aos meios de comunicação a internet e, com ela, as redes sociais, que trazem uma avalanche de *fake news* a que você precisa ficar atento, a fim de evitar não só que seus filhos sejam vítimas mas também propagadores de informações falsas. Apesar do diálogo, da educação e da "vigilância", muitas vezes desconhecemos o que eles fazem, ainda mais com as notícias na palma da mão através do celular com acesso à internet.

A vivência que o seu filho tem com você, a construção da identidade dele, que tem suas bases nas relações parentais, a visão que você passa a respeito da sexualidade e a relação de afeto construída entre vocês: tudo isso exerce uma influência muito mais significativa do que a televisão ou outros veículos. Por isso, a educação sexual que você dá em casa, aberta ao diálogo, pode se sobrepor a essas informações ou fazer com que seus filhos tenham um olhar mais crítico em relação a elas. Não quero dizer que esses meios não têm grande poder para influenciar, mas os pais não podem responsabilizar apenas a mídia pelo comportamento do filho e se isentar da própria responsabilidade.

A exposição precoce a cenas de sexo e violência não é nada saudável para o desenvolvimento emocional da criança. A informação que chega até ela deve ter qualidade, você tem que saber selecionar o que seu filho pode ver e definir o horário e o tempo que ele pode ficar diante da telinha ou acessando a internet.

Com a pandemia do coronavírus, todos nós fomos obrigados a ficar em casa e, com isso, as crianças também. Isso certamente aumentou o tempo delas diante da TV e da internet e, devido ao necessário isolamento social, acredito que a maioria se afastou dos seus coleguinhas e das brincadeiras em grupo, atividades que são fundamentais para o desenvolvimento infantil. E é em momentos como esses – bem como naqueles dias de temporal ou de "sol de rachar", em que ninguém pode sair – que devemos buscar joguinhos e outras atividades que sejam lúdicas, que entretenham e que possam diminuir o tempo, muitas vezes, exagerado que ficam diante desses meios de comunicação.

Em relação à TV, especificamente, as crianças mais novas não conseguem decodificar as mudanças súbitas de ângulos, os efeitos visuais, e não percebem que o desenho ou o programa a que estão assistindo parou para entrar um comercial. Na imaginação delas, tudo faz parte de um só programa.

É importante que, nos primeiros anos de vida, os pais acompanhem de perto a relação dos filhos com os meios de comunicação e outras mídias. Se não tiverem condições porque trabalham o dia todo, selecionem uma programação lúdica em que a criança corra menos "riscos" ao assistir, que seja mais adequada à sua faixa etária.

Acompanhando a relação do seu filho com as mídias

Acompanhar a criança é importante para desenvolver o senso crítico, traduzir um pouco esse mundo da fantasia (o que é mentira e faz parte do sonho e o que é verdade) e educá-la, mesmo ela sendo pequena, para entender e respeitar as diferenças; e isso tendo como gancho os múltiplos programas de TV ou publicações na internet que estigmatizam, rotulam e tratam o ser humano com preconceito e de forma caricata.

Um exemplo do que você pode dizer quando um programa do tipo estiver passando ou quando ele estiver acessando algo que você considera inadequado: "Olha, filho, o que você está vendo é praticado em muitos lugares por pessoas preconceituosas. Mas aqui em casa a gente não concorda, a gente acredita que as pessoas devem ser tratadas com respeito e sem discriminação".

Mas, se você não está perto, aquela imagem e mensagem é que ficam. Aí a TV ou as redes sociais, por exemplo, estarão sendo mais fortes do que a educação que você dá em casa. Chega uma hora em que é seu papel assumir esse comando.

Portanto, se bem aproveitadas, a TV e outras mídias podem ser excelentes meios de educação, desde que utilizadas com esse fim.

Dicas para ajudar as famílias a serem uma influência maior que a TV ou a internet

1. Defina um horário para seu filho assistir à televisão, jogar videogame, acessar a internet ou ficar no celular. Essas regras devem ser bem definidas. A televisão ou outro entretenimento em tela não pode ser a principal "programação" dele.

2. Converse sobre o que ele está vendo de forma mais presente: caso você trabalhe fora, além de procurar saber como foi o dia do seu filho, o que fez, com quem brincou, etc., pergunte se viu televisão, ficou na internet. Diante da afirmativa, procure saber o que andou vendo, pergunte o que ele pensa a respeito do que assistiu. Estimule-o a desenvolver opiniões, a criticidade, a não ser um mero espectador que assimila tudo sem questionar.
3. Defina o que ele pode ver: com criança pequena, é papel dos responsáveis definir, de acordo com a faixa etária, a programação e aquilo a que ela pode ter acesso.
4. Proporcione outra opção de lazer: a televisão e a internet não podem ser as únicas "distrações" do seu filho. Ele deve ter outras opções de lazer, tais como:

- Jogos educativos.
- Brincadeiras com os amiguinhos (que permitam desde pequeno que ele interaja com o grupo).
- Brincadeiras com trabalho corporal (para proporcionar habilidade e movimento).
- Esportes.
- Trabalhos de artes e pintura, música, teatro ou o que for de seu interesse.
- Acesso à leitura (se for muito pequeno, há livros só com imagens, feitos de tecidos e laváveis, que são ótimos e contribuem muito para a educação dos filhos).

A educação de massa pela inclusão

É importante que todas as mídias tenham uma atitude de inclusão e não excluam ou mesmo estigmatizem pessoas ou grupos. Seria uma contribuição importante da parte delas e, por isso, devemos reivindicar que, em suas produções: tratem com igualdade as pessoas, façam interagir as culturas e aproximem os "diferentes". Assim, ajudariam a combater o *bullying*, a misoginia, o racismo e a homofobia. Trata-se de um papel social muito importante, que pode trazer grandes ganhos para a sociedade, e é muito salutar para o desenvolvimento da criança, pois ela poderá crescer aprendendo a respeitar o outro e as diferenças, entendendo que devemos contribuir para uma sociedade inclusiva.

Há alguns anos, uma grande rede de lojas de varejo veiculou na mídia a seguinte propaganda: "Imagina o Natal com Papai Noel sem barba, menino brincando de boneca e menina jogando bola? É o mesmo que as lojas 'X' sem você". Essa campanha não ajuda em nada, muito pelo contrário, reforça a discriminação de gênero. Uma propaganda como essa é uma excelente oportunidade para você agir, utilizando-a a seu favor, e guiar seu filho a uma educação que não reforce o preconceito, mas desenvolva o senso crítico e busque a igualdade entre as pessoas.

E, no caso específico, sim, podemos ter um Natal com Papai Noel sem barba, Papai Noel negro, menino brincando de boneca e menina soltando pipa, porque a data nos remete à diversidade e ao respeito a todas as pessoas.

Vejamos mais exemplos que, mesmo não sendo recentes, são importantes para a nossa reflexão:

Revista Exame (capa), n. 659

"Por que os economistas erram tanto?"

A capa, com essa chamada, foi ilustrada com a foto de um homem fazendo a representação de um deficiente visual, acompanhado de seu cão-guia.

A revista faz uma associação infeliz da ineficiência e erro à cegueira. Dessa forma, estimula-se a ideia errada e preconceituosa de que pessoas com deficiência são incapazes de acertar e obter sucesso.

Revista Sentidos, março de 2002

Campanha da Associação Desportiva para Deficientes.

"Nesta cadeira de rodas, você nem percebe que a Vilma é paraplégica."

A foto da revista apresenta uma mulher sentada numa cadeira de rodinhas, do tipo "cadeira de secretária". Não podemos esconder a deficiência. A sociedade tem que reconhecer a existência das pessoas com deficiência e as tratar com respeito e com dignidade, proporcionando ativamente oportunidades iguais. Urge estimular a compreensão de que todas as pessoas precisam ser reconhecidas como cidadãs e terem seus direitos garantidos. Isso, sim, é inclusão!

Saindo da mídia, mas ainda como exemplo para a nossa reflexão:

Um bar na Zona Norte do Rio de Janeiro, 2019

As portas dos banheiros traziam as seguintes cores e informações:

Banheiro masculino: porta azul, com a expressão "blá" pintada, expressando uma fala.

Banheiro feminino: porta vermelha (ou rosa mais escuro) com a expressão "blá, blá, blá, blá" pintada em toda a porta.

Pode parecer sem importância, mas são essas comunicações subliminares que passam conceitos e reproduzem estereótipos. Neste caso, de que mulher é tagarela, fala sem parar, ao contrário do homem.

"Marcos, mas isso é uma bobagem!"

Não é, não! Muitas vezes a imagem, a comunicação visual, traz mais conceitos do que um discurso longo.

Acompanhar a criança é importante para desenvolver o senso crítico, traduzir um pouco esse mundo da fantasia (o que é mentira e faz parte do sonho e o que é verdade) e educá-la, mesmo ela sendo pequena, para entender e respeitar as diferenças.

Foto: Freepik

CAPÍTULO 9

Violência sexual contra crianças e adolescentes

A violência contra crianças e adolescentes data de muitos séculos. Num longínquo período histórico, eram vistos como adultos e a infância não existia, por assim dizer. O trabalho, por exemplo, não era visto como exploração, mas como um complemento à renda familiar. E, diante da lei, eram julgados como adultos. A sexualidade estava, dentro desse contexto, sem a percepção clara que temos hoje do desenvolvimento infantil e do adolescente.

Foi somente em 1924 que surgiu a primeira normativa internacional para garantir os direitos à proteção especial de crianças e adolescentes: a Declaração de Genebra. Mais tarde, em 1948, foi aprovada a Declaração Universal dos Direitos Humanos e, em 1959, a Declaração dos Direitos da Criança, reconhecendo crianças e adolescentes como sujeitos de direito que necessitam de proteção e cuidados especiais.

Em 1990, houve a implementação do Estatuto da Criança e do Adolescente no Brasil (ECA), e, mesmo com todas essas garantias, nossos pequenos ainda são vítimas de violência de todo tipo, entre outras, de violência sexual, tema que abordaremos neste capítulo.

Tipos de violência sexual

Abuso sexual

Este não é um assunto fácil e revolta a todos nós, mas fingir que ele não existe não resolve a questão. Exatamente por isso propomos essa conversa, que elucida e protege.

A violência sexual com crianças envolve não só o corpo, mas também aspectos psicológicos e morais, atingindo a criança em sua inocência. A violência física, que motiva a aproximação do abusador da criança, geralmente envolve toques – principalmente nos órgãos sexuais – e, algumas vezes, sexo com penetração, podendo haver agressão física ou não, apesar de ser sempre um ato violento. O abuso sexual, enfim, é uma situação em que a criança ou o adolescente é usado por um adulto (ou adolescente mais velho, no caso da criança) para satisfazer-se sexualmente. É a utilização da sexualidade de um menor para a prática de qualquer ato de natureza sexual.

Na maioria dos casos, o abusador é alguém muito próximo da criança, que mantém uma relação de confiança: são familiares (incluindo tios, padrastos e pais), amigos íntimos da família, vizinhos que têm intimidade com a casa da criança abusada ou pessoas responsáveis pelos cuidados da criança. Essa violência pode se manifestar dentro do ambiente doméstico (intrafamiliar) ou fora dele (extrafamiliar).

ABUSO SEXUAL COM CONTATO FÍSICO: é aquele que privilegia carícias e toques.
- São carícias e toques nos órgãos sexuais, masturbação, sexo oral, penetração vaginal e anal ou a tentativa de uma dessas práticas.
- São os carinhos abusivos.

O abuso pode ser identificado por marcas que o abusador deixa no corpo da criança ou do adolescente: lesões físicas, marcas de mordidas ou chupões, ruptura do hímen (no caso da menina), ferimento no ânus (da menina ou do menino) ou mesmo uma infecção sexualmente transmissível (IST).

Esses casos são até mais fáceis de serem identificados, porque há lesões físicas. Os mais difíceis são os que não deixam marcas, nenhuma lesão visível, mas deixam os traumas psicológicos – esses são os mais comuns.

ABUSO SEXUAL SEM CONTATO FÍSICO: é aquele que privilegia a linguagem e a imagem.
- Conversar sobre sexo, em alguns casos em tom pornográfico, para despertar a criança ou o adolescente. Elas podem ocorrer pessoalmente, por telefone ou pela internet.
- Assistir a filmes eróticos ou pornográficos junto com a criança ou o adolescente.

A situação em si é bem desgastante para todos e, por isso, impera o silêncio em torno do assunto. Mesmo com a mudança de comportamento da criança, muitas vezes visível, é difícil para os pais admitirem que seu filho está sendo vítima de um abuso. Essa demora só traz mais prejuízos para a criança que, por outro lado, tem muita dificuldade em contar para os pais. Sente-se amedrontada pelo abusador, que a ameaça, e pode se sentir culpada, como se fosse a responsável.

Exploração sexual

É o uso de crianças e adolescentes com objetivos sexuais, mediada por lucro ou outro tipo de troca. Encontramos quatro formas de exploração sexual:

EXPLORAÇÃO SEXUAL RELACIONADA À PROSTITUIÇÃO
- É o lado comercial da exploração sexual, geralmente envolvendo "gente da pesada", como aliciadores, agenciadores e quem se beneficia dos lucros financeiros desse crime.

PORNOGRAFIA INFANTIL
- É a produção, reprodução, venda, exposição na internet, comercialização, aquisição e posse, entre outros, de materiais pornográficos que envolvam crianças e adolescentes.

TRÁFICO PARA FINS DE EXPLORAÇÃO SEXUAL
- É quando a pessoa promove ou facilita a entrada, saída ou deslocamento, internamente pelo país ou no exterior, de crianças e adolescentes com o objetivo da prostituição ou de outra exploração sexual.

TURISMO COM MOTIVAÇÃO SEXUAL
- É a exploração sexual de crianças e adolescentes por turistas, seja no turismo interno ou vindo de outros países.

Alguns sinais de que a criança foi abusada sexualmente

MUDANÇAS DE COMPORTAMENTO
- Costumam ocorrer de uma hora para a outra. Em alguns casos, se referem a uma pessoa ou atividade em particular.

COMPORTAMENTOS INFANTIS REGRESSIVOS
- Passar, repentinamente, a querer dormir no quarto dos pais ou voltar a fazer xixi na cama podem ser indicativos de que algo está errado. As crianças e os adolescentes sempre dão sinais, na maioria das vezes não verbais.

SEXUALIDADE
- A criança passa a ter interesse por questões sexuais ou até fica com uma superexcitação, fazendo brincadeiras de cunho sexual ou desenhos que se referem a partes íntimas ou à relação sexual.

RENDIMENTO ESCOLAR
- Verificar se, na escola, está se isolando ou não querendo participar das atividades propostas. Nesse caso, se o professor identificar alguma mudança no comportamento do aluno ou no seu rendimento, deve chamar os pais para conversar.

DOENÇAS PSICOSSOMÁTICAS
- Algumas doenças não apresentam causas clínicas. Pode acontecer de as crianças terem vômitos, problemas de pele e dor de cabeça, e a etiologia pode ser psicológica.

Todas essas situações podem ser indícios de abuso sexual. **MAS CUIDADO COM OS EXAGEROS: UMA OU OUTRA SITUAÇÃO PODE NÃO CARACTERIZAR UMA VIOLÊNCIA SEXUAL**, podendo ser sintoma de outro problema que precisa ser identificado e tratado.

Como evitar que o abuso sexual aconteça

Essas dicas não garantem que a violência não possa ocorrer, mas são atitudes preventivas que ajudam:

- Ensinar à criança que nenhuma pessoa pode tocar o seu corpo, a não ser quem lhe dá banho ou precisa limpá-la, ou o médico, quando ela está doente.
- Falar para, se necessário, ela dizer NÃO em voz bem alta e pedir ajuda a alguém de confiança.
- Orientar para que, quando estiver navegando na internet, não conversar com estranhos, não dizer como é ou onde mora, nem mesmo o colégio em que estuda.
- Ver quais sites está acessando, como está fazendo uso da internet e com quem dialoga. Isso não é censura, mas responsabilidade.

Como ajudar

- Ouça a criança e dê credibilidade à sua fala.
- Converse com a criança diante de qualquer alteração de comportamento. Diga que está ao lado dela para ajudá-la; se identificar que algo ruim está acontecendo, diga para não ter medo ou vergonha, que nada vai acontecer a ela. Dependendo do que lhe contar, ressalte que ela não é a culpada.
- Deixe claro que nem todas as pessoas são maldosas como a que está fazendo – ou fez – mal a ela. Que, por isso, é importante procurar alguém em quem ela confie, para que possa ajudar e tomar as providências.

A importância da educação sexual

A educação sexual, em casa ou na escola, pode trazer grandes benefícios, protegendo crianças e adolescentes. É uma forma de prevenção à violência sexual, pois reforça a ideia de se conhecerem e desenvolverem a autoestima e a responsabilidade, de saberem quem são as pessoas que podem ajudar com a higiene e a saúde e o que **PODE** e o que **NÃO PODE**.

Uma forma prática de mostrar esses limites à criança no dia a dia é reforçar onde ela pode ser tocada (sinal verde), onde é proibido (sinal vermelho) e onde é para ficar alerta (sinal amarelo). Exemplo: "Toque no braço, na cabeça... sinal verde!" / "Toque nas mãos, joelhos...... sinal amarelo!" / "Toque nos órgãos sexuais e carinho na nuca... sinal vermelho!". Os pais podem fazer o desenho de um menino e de uma menina e dar para os filhos canetinhas nessas três cores para marcarem os sinais, explicando os motivos.

A educação sexual contribui muito positivamente para a prevenção da violência sexual com crianças, por isso reforçamos sempre essa ideia para as escolas da educação infantil ao ensino médio. As crianças têm direito à informação, e isso através de um trabalho planejado pedagogicamente, que nada tem a ver com ensinar crianças a fazer sexo, mas com o fato de possibilitar a elas o acesso ao conhecimento do próprio corpo e a informações que tragam proteção.

É um erro pensar que a educação sexual erotiza a criança, desperta a sua libido ou estimula a vida sexual precoce. Muito pelo contrário, quanto mais informados, mais tarde os adolescentes iniciam a vida sexual, e, quando ela começa, é com prevenção – usando camisinha de forma correta –, porque conhecem os riscos de uma relação desprotegida, e, nesse caso, estamos falando de uma gravidez não planejada ou de contraírem uma infecção sexualmente transmissível (IST).

Educação sexual para além da prevenção

Mesmo abordando a importância da educação sexual como uma das ferramentas para a prevenção à violência sexual com crianças e adolescentes, é essencial destacar que a educação sexual vai além da prevenção da violência, de ISTs ou de gravidez não planejada na adolescência.

O trabalho a ser realizado na escola, adequado ao ano escolar e à faixa etária dos estudantes, objetiva desenvolver a criticidade e o respeito às diferenças; assegurar seus direitos como humanos e sua formação como cidadãos; e promover o combate a todo tipo de preconceito e violência, incluindo a misoginia, a homofobia e o racismo.

O conhecimento do corpo, das questões psíquicas (mesmo sendo uma abordagem pedagógica), sociais, culturais, históricas e de políticas públicas também estão presentes nessa conversa, que pode ser realizada pelo professor independentemente de sua disciplina de origem, desde que seja feita uma formação em educação sexual, o que é fundamental.

O trabalho de educação sexual na escola pode ser de forma pontual ou regular, como uma disciplina, por meio de oficina que pode ser ministrada no contraturno ou através da interdisciplinaridade.

Se possível, para trazer maiores garantias, sugiro inserir o trabalho de educação sexual no Projeto Político-Pedagógico (PPP) da escola – documento que reúne objetivos, metas e diretrizes da escola – e realizá-lo em conformidade com a Lei de Diretrizes e Bases da Educação Nacional (Lei n.º 9.394, de 20 de dezembro de 1996).

Aspectos normativos e legais

O programa de educação sexual pode ser realizado na escola do seu filho. Mesmo com correntes contrárias, já existe amparo legal para empreendê-lo.

Alguns documentos não se referem diretamente à educação sexual, mas ao direito à educação, e, nesse sentido, entendemos que a sexualidade precisa fazer parte da formação de todas as pessoas, visto que estamos falando de identidade, subjetividade esta que interfere diretamente nos aprendizados escolares.

Dessa forma, destacamos dez documentos:

1. Declaração Universal dos Direitos Humanos – DUDH (1948)
2. Convenção Interamericana de Direitos Humanos (Pacto de São José da Costa Rica) – CIDH (1969)
3. Conferência Internacional sobre População e Desenvolvimento – CIPD (Cairo –1994)
4. IV Conferência Mundial Sobre a Mulher – CMM (Pequim –1995)
5. Princípios de Yogyakarta (2006)
6. Declaração Ministerial da Cidade do México "Prevenir com a Educação" (2008)
7. Consenso de Montevidéu sobre População e Desenvolvimento (2013)
8. Estatuto da Juventude (2013)
9. Agenda 2030: Objetivos de Desenvolvimento Sustentável (desde 2015)

10. Lei Maria da Penha (2006). Mesmo não sendo uma política educacional, esta lei representa uma grande contribuição para o trabalho de educação sexual no que se refere à violência de gênero.

O Brasil é signatário de todos esses documentos, o que os legitima diante do trabalho a ser realizado.

Denuncie!

Denúncias de violência sexual ou de qualquer outro tipo de ato que transgrida os direitos de crianças e adolescentes podem ser feitas por meio do Disque 100.

Qualquer pessoa pode denunciar e o usuário não precisa se identificar. O serviço está disponível em todos os estados brasileiros e a ligação é gratuita.

O Disque 100 funciona todos os dias, das 8h às 22h, inclusive em fins de semana e feriados.

Foto: lookstudio/Freepik

CAPÍTULO 10

Geração camisinha

Essa história é de longa data

As primeiras informações a respeito do preservativo masculino datam de 1850 a.C. Vejamos a cronologia e a evolução da camisinha:

- 1850 a.C.: Segundo os papiros de Petri, um pedaço de pano lambuzado com uma pasta feita com excremento de crocodilo e mel, para ser colocada no fundo da vagina, foi o primeiro contraceptivo sob prescrição médica.
- 1350 a.C. a 1200 a.C.: No Antigo Egito, algumas gravuras já mostravam homens com o pênis envolvido com invólucros feitos de tripas de animais.
- Cerca de 1564 d.C.: O médico italiano Gabriele Fallopio recomendava que o homem colocasse no pênis um saquinho de linho, amarrado com um laço. O objetivo era unicamente prevenir contra as doenças sexualmente transmissíveis (DSTs), hoje chamadas de infecções sexualmente transmissíveis (ISTs).
- Um século depois: Dr. Condom (reparou que "condom" é um dos nomes dados à camisinha?), preocupado com o número de filhos "ilegítimos" do rei Carlos II da Inglaterra, criou um protetor para o pênis feito com tripas de animais. A intenção era clara: evitar o nascimento de mais bastardos.

- 1870: Surgimento das primeiras camisinhas de borracha. Eram bem grossas e caras. Por causa disso, os homens lavavam a camisinha para usar mais de uma vez.
- 1939: Chega ao mercado a camisinha que conhecemos hoje, de látex, feita a partir da seiva concentrada da seringueira.
- Em contrapartida, a camisinha feminina é bem recente: foi criada pelo médico dinamarquês Lasse Hershel no final dos anos 1990, chegando ao Brasil em 1997. Diferente do preservativo masculino, a camisinha feminina é feita de poliuretano e pode ser introduzida no canal da vagina até 8 horas antes da relação sexual.

A tomada de consciência

Mesmo sabendo da importância da proteção, foi com a epidemia de aids, na década de 1980, que a camisinha tornou-se mais popular e mais acessível, sendo distribuída em postos de saúde e em campanhas de âmbito nacional.

Os primeiros casos de aids foram registrados entre os anos 1977 e 1978 nos Estados Unidos, Haiti e África Central. No Brasil, começamos a ter conhecimento dessa infecção sexualmente transmissível em 1980, quando foi registrado o primeiro caso no estado de São Paulo.

De lá pra cá, transcorreram mais de quatro décadas e o panorama mudou consideravelmente. Apesar de ser uma IST sem cura, houve grandes avanços da ciência no que diz respeito ao tratamento. Mesmo assim é fundamental que o assunto seja conversado com os filhos e faça parte de um programa de educação sexual nas escolas.

Antes a aids era associada à homossexualidade, mas hoje sabemos que todas as pessoas são igualmente passíveis de contraírem o vírus da aids (HIV) se não se cuidarem usando camisinha. Daí, diferentemente de outras gerações, ser necessário falar abertamente sobre camisinha, sexo oral e anal: por uma questão de prevenção.

Muitos pais que leem este livro certamente nasceram no período pós-aids e são de uma geração em que a camisinha já era assunto do dia a dia. Ver esses temas sendo discutidos pública e abertamente, com a quantidade de campanhas que foram realizadas – incluindo os cartazes do Ministério da Saúde e de organizações não governamentais que foram afixados nas escolas –, fez alguma diferença na educação dos filhos?

A "geração camisinha", como costumo chamar, habituou-se a ouvir falar do preservativo como coisa corriqueira – e até brincava com ele como se fosse um balão de aniversário. Então, abster-se de falar do assunto, dos cuidados que toda pessoa precisa ter para não pegar uma IST, incluindo a aids, não cabe nos dias atuais. A ignorância nunca foi uma forma de proteção, só a informação protege!

Se a criança hoje é pequena, amanhã será um adolescente e vai precisar desses conhecimentos para viver a sexualidade de forma saudável e segura. É claro, estamos falando de uma abordagem com embasamento científico, adequada ao desenvolvimento físico, psicológico e cognitivo do seu filho, respeitados a idade e o ano escolar, como falamos anteriormente, e cuidadosamente planejada.

Como falar sobre aids e outras ISTs com os filhos

Desde os 5 anos de idade, mais ou menos, a criança já tem dúvidas sobre sexo, assim como sobre as diferenças entre meninas e meninos e sobre como nascem os bebês. Por isso, apesar de não entenderem muito bem a diferença entre saúde e doença, podem surgir as primeiras perguntas sobre aids. E essa resposta poderá ser dada se a criança perguntar diretamente ou se você perceber que esse assunto está surgindo nas brincadeiras.

Procure responder de forma clara, simples e objetiva, para facilitar a compreensão. Comece usando situações concretas, como a gripe, para explicar como os germes causam doenças. Fale que algumas delas são causadas por bactérias ou vírus, que são "bichinhos" que entram no nosso corpo, deixando a gente doente, e que eles são tão pequenos que só podemos vê-los através de um aparelho chamado microscópio, porque os vírus e as bactérias são muito diferentes dos bichinhos que ela pode ver a olho nu, como os insetos.

No caso da aids, o que a causa é um vírus, e o seu nome é HIV. A aids é uma entre muitas outras infecções sexualmente transmissíveis existentes.

"Mas o que é isso?", podem perguntar. "São as doenças [melhor do que falar infecção, para que entenda] que se pegam quando uma pessoa tem uma relação sexual, está fazendo amor, e não se protege usando uma camisinha. Mas, para isso acontecer, uma das duas precisa ter o 'bichinho'." Aproveite e reforce a ideia de que é por isso que falamos da importância da camisinha. Se for preciso, retorne ao capítulo 6 e veja como responder a algumas questões, incluindo o que é camisinha.

Como falamos anteriormente, você vai saber até onde ir e se pode se aprofundar à medida que seu filho pergunta e mostra interesse em saber mais. Não se antecipe com muitas explicações!

Espantando o medo

É importante que pais expliquem aos filhos:

- Crianças não precisam ter medo de "pegar" aids porque as principais formas de transmissão não são comuns para pessoas da idade dela. Se considerar necessário, no momento, fale como se "pega" aids.
- Não se "pega" aids brincando, estudando, jogando, passeando, nem mesmo estando no mesmo ambiente com uma pessoa que tem aids (é fundamental, desde cedo, acabar com esses mitos que sobrevivem até hoje, mais de 40 anos depois do primeiro caso no Brasil).
- Reforce a importância do uso da camisinha como a principal proteção contra a infecção. Mas, também, que o respeito e cuidado por si e pela outra pessoa são fundamentais. Esse

carinho protetivo com o outro não se refere apenas à sexualidade e à prevenção de doenças, mas também à formação de cidadãos. E isso se aprende em casa, com os pais.

A criança com aids na escola

Se no passado a preocupação era bastante grande, ainda hoje é recorrente e entendemos a apreensão dos responsáveis sobre como a escola deve tratar uma criança com aids; principalmente porque, mesmo diante de tantas possibilidades de informação, nem sempre ela chega de forma adequada a todas as pessoas. Somam-se a isso as *fake news*, que hoje fazem parte da nossa realidade.

A convivência com a comunidade escolar, mesmo que alguns tenham medo, não oferece riscos, desde que sejam seguidos certos protocolos simples. E, se a escola tem um programa de educação sexual ou já conversa com os alunos sobre o assunto, será mais fácil para lidar com a situação.

Exemplo de algo comum de acontecer no dia a dia da escola: a criança cai e sofre um corte – o que fazer? O cuidado que se deve ter é não ter contato com o sangue, porque isso aumenta a possibilidade de infecção. Mas esse cuidado não é diferente em nenhum outro lugar, como em casa e com todas as crianças. Antes de tudo, são cuidados básicos de saúde e de higiene que a escola deve ter com todos os seus alunos de forma geral.

"Mas, ao perceberem esses cuidados, os colegas não vão acabar descobrindo que aquele coleguinha é soropositivo [tem o vírus da aids]?"

Não, se a escola adotar esse procedimento com todos os alunos e em todas as situações – afinal, é assim que se deve proceder.

Na esfera legislativa

A Portaria Interministerial n.º 796, de 29 de maio de 1992, assinada pelos ministros da Saúde e Educação, Adib Jatene e José

Goldemberg, publicada no *Diário Oficial da União* (*DOU*) em 03 de junho de 1992, veda práticas discriminatórias no âmbito da educação para pessoas portadoras de HIV.

Os Ministros de Estado da Educação e da Saúde, no uso das atribuições que lhes confere o art. 87, parágrafo único, inciso IV, da Constituição Federal e o dever de proteger a dignidade e os direitos humanos das pessoas infectadas pelo vírus da imunodeficiência humana (HIV), consideram que a limitação ou violação de direitos constitucionais à saúde, à educação e ao trabalho de pessoas infectadas pelo HIV não se justificam, resolvem:

Art. 1º Recomendar a observância das seguintes normas e procedimentos

I - A realização de teste sorológico compulsório, prévio à admissão ou matrícula de aluno, e a exigência de testes para manutenção da matrícula e de sua frequência nas redes pública e privada de ensino de todos os níveis são injustificadas e não devem ser exigidas;

II - Da mesma forma não devem ser exigidos testes sorológicos prévios à contratação e manutenção do emprego de professores e funcionários, por parte de estabelecimentos de ensino;

III - Os indivíduos sorologicamente positivos, sejam alunos, professores ou funcionários, não estão obrigados a informar sobre sua condição à direção, a funcionários ou a qualquer membro da comunidade escolar;

IV - A divulgação de diagnóstico de infecção pelo HIV ou de AIDS de que tenha conhecimento qualquer pessoa da comunidade escolar, entre alunos, professores ou funcionários, não deve ser feita;

V - Não deve ser permitida a existência de classes especiais ou de escolas específicas para infectados pelo HIV;

Art. 2º Recomendar a implantação, onde não exista, e a manutenção e ampliação, onde já se executa, de projeto educativo, enfatizando os aspectos de transmissão e prevenção da infecção pelo HIV e AIDS, dirigido a professores, pais, alunos, funcionários e dirigentes das redes oficial e privada de ensino de todos os níveis, na forma do anexo;

§ 1º - O projeto educativo de que trata o caput deste artigo deverá ser desenvolvido em todos os estabelecimentos de ensino do País, em todos os níveis, com participação e apoio dos serviços que compõem o Sistema Único de Saúde;

§ 2º - Os conteúdos programáticos do projeto educativo deverão estar em consonância com as diretrizes do Programa Nacional de Controle das Doenças Sexualmente Transmissíveis e AIDS do Ministério da Saúde;

§ 3º - Os resultados do projeto educativo serão avaliados pela Coordenação do Programa Nacional de Controle das Doenças Sexualmente Transmissíveis e AIDS e seus relatórios encaminhados periodicamente aos Ministros da Educação e da Saúde;

Art. 3º - Esta Portaria entra em vigor na data de sua publicação.

Uma escola que tenha um aluno com o vírus da aids ou pai e mãe de criança com um amigo na mesma situação podem exercitar sentimentos e atitudes como empatia, lealdade, solidariedade, afeto e não discriminação.

Foto: Freepik

CAPÍTULO 11

Como falar sobre relacionamentos

Amizade

Os amigos são aqueles que, por admiração, afinidade, interesse em comum e ideias parecidas, escolhemos ter por perto compartilhando a nossa vida.

No primeiro ano de vida, logo que nasce, o bebê é muito centrado em si mesmo. Depois se estabelece a primeira relação com a mãe e, em seguida, com o pai. Na fase entre 1 ano e meio e 3 anos, mesmo convivendo com outras crianças, eles ainda vão preferir brincar sozinhos ou com seus amigos imaginários. Essa fantasia pode durar até os 7 anos, a despeito da convivência com outras crianças, em casa ou na escola. Esses amigos do "faz de conta" são parte da fantasia e do universo infantis, de forma que os pais não precisam se preocupar. A não ser que o amigo imaginário se torne mais importante que os da vida real ou a fantasia vá além dos 7, 8 anos – aí, de fato, pode ser importante a ajuda de um psicólogo.

Por volta dos 3 anos, as brincadeiras podem acabar em briga e choro. A criança sempre vai querer o brinquedo que está na mão do colega, visto que ainda sente as coisas como uma extensão de si. Daí a importância de os responsáveis em casa, ou a professora na escola, começarem a estabelecer limites (não precisam ser muito rígidos) e fazê-la respeitar os amiguinhos.

A partir dos 4 anos, começam os primeiros "ensaios" de socialização e brincadeiras em grupo. Vai ser a partir dos 5 anos que começa a surgir o primeiro amigo (dentro do contexto infantil). E essa experiência será muito rica. Quanto mais a criança tiver contato com diversas outras, de ambos os sexos, mais facilidade ela terá para conviver em grupo, para aceitar as diferenças e para lidar com as frustrações quando lhe disserem NÃO a alguma coisa e ela precisar aceitar.

Cada criança é de um jeito e sua interação no grupo também. Então, não dá para os pais "forçarem a barra" para o filho ser o mais popular da turma se ele for tímido, porque o resultado pode ser o oposto: ele se retrair cada vez mais. Mesmo que ele seja amiguinho dos filhos do casal de quem vocês são amigos, porque a amizade de vocês é uma e a do seu filho é outra.

Se você acha que seu filho é muito sozinho, não programe encontros chamando os primos para passarem o domingo em casa, achando que poderão fazer companhia a ele. Que tal perguntar antes? Ele pode preferir um amiguinho do andar de cima ou da casa ao lado, em vez de primos com quem não tem nenhuma intimidade e que não têm nada a ver com ele.

A regra é simples: respeite seu filho como ele é.

A história a seguir, sem identificação de autoria, que encontramos na internet, retrata a ideia que podemos passar para as crianças a respeito da amizade e desse sentimento que nos une, que perpassa a solidariedade e o cuidado com o outro.

Uma lição de vida

Há alguns anos, nas Olimpíadas Especiais de Seattle, 9 participantes, todos portadores de deficiência mental ou física, alinharam-se para a largada da corrida dos 100 metros rasos. Ao sinal, todos partiram, não exatamente em disparada, mas com vontade de dar o melhor de si, terminar a corrida e ganhar.

> Todos, exceto um garoto, que tropeçou no piso, caiu rolando e começou a chorar.
>
> Os outros 8 ouviram o choro, diminuíram o passo e olharam para trás. Viram o garoto no chão, pararam e voltaram. Todos eles! Uma das meninas, com síndrome de Down, ajoelhou-se, deu um beijo no garoto e disse: "Pronto, agora vai sarar". E todos os 9 competidores deram os braços e andaram juntos até a linha de chegada.
>
> O estádio inteiro levantou e não tinha um único par de olhos secos. E os aplausos duraram longos minutos. As pessoas que estavam ali, naquele dia, repetem essa história até hoje. Por quê?
>
> Porque, lá no fundo, nós sabemos que o que importa nesta vida, mais do que ganhar sozinho, é ajudar os outros a vencer, mesmo que isso signifique diminuir o passo e mudar o curso.
>
> Que cada um de nós possa ser capaz de diminuir o passo ou mudar o curso para ajudar alguém que, em algum momento de sua vida, tropeçou e precisa de ajuda para continuar...
>
> (Autor desconhecido)

A importância de falar sobre relacionamento

O psicólogo americano Nathaniel Branden diz que "quase todos os problemas psicológicos – da ansiedade à autossabotagem no trabalho e no amor, do medo da intimidade à escravidão das drogas – têm sua raiz no amor insuficiente do indivíduo por si mesmo" (citado por Oliveira *et al.*, 2008, p. 14).

A autoestima e o gostar-se são a base para um relacionamento. Popularmente se diz que quem não se ama não pode amar os outros. E é verdade. Gostar de si é o primeiro passo para que cada um construa um relacionamento saudável com o outro, de troca afetiva e crescimento para ambos.

Não é na adolescência ou na vida adulta que a autoestima começa a ganhar contornos, mas quando se é pequeno, ainda bebê.

Esse primeiro contato com a mãe, de aceitação e elogios, de dizer que sua criança é "lindinha", funciona muito mais do que um afago momentâneo. Começa aí a base, os primeiros passos para a construção de sua autoestima. A atitude positiva dos pais vai auxiliar também no sentimento de segurança e na tomada de decisões.

No entanto, se a criança cresce ouvindo frases como "seu irmão é quem faz as coisas direito!" ou "com você ninguém pode contar mesmo!", vai crescer com o sentimento de desvalia, esforçando-se para alguém gostar dela. Quando conseguir, vai se anular completamente, com medo de perder a pessoa. Todas essas questões serão levadas para os relacionamentos que venha a ter vida afora: começando em casa e se estendendo ao grupo de amigos, às amizades do trabalho e à vida a dois.

A comunicação pode ser estabelecida dentro de casa, no dia a dia, possibilitando que o diálogo seja um eixo de ligação entre você e seu filho. Conversar sobre relacionamentos com ele e dizer que nem sempre relações como amizade, namoro ou casamento são eternas, pode amenizar uma frustação futura caso rompa com um amigo ou termine um relacionamento. Você pode aproveitar e contar que em muitas famílias – pode dar o exemplo de alguns coleguinhas, que certamente terá – os casais são separados, mas que isso não os impede de continuarem sendo bons pais e mães dos filhos.

Separação dos pais: como explicar?

O tópico anterior já é um bom gancho para o início dessa conversa. "Até que a morte os separe" não é mais uma realidade. Então, é importante que os pais, ao decidirem se separar, conversem com o filho sobre o que está acontecendo. Não adianta empurrar a poeira para debaixo do tapete nem "esperar o melhor momento"; por mais difícil que seja a situação, as crianças precisam saber.

A separação é o fim de um sonho que os pais planejaram juntos, e eles conhecem os motivos que os fizeram tomar tal decisão. Mas a criança, geralmente, é pega de surpresa. Ela vai começar a viver uma situação diferente e difícil, mil interrogações vão passar em sua cabeça. Entre todas as mudanças acarretadas pelo novo arranjo, terá de se acostumar a viver sem a presença constante de um dos pais; pode ser que se mude de bairro e, consequentemente, de grupo de amigos e de escola. Se um dos dois se casar outra vez, adicione-se a adaptação à nova família, aos novos irmãos e a uma série de outras coisas.

Por isso é muito importante conversar. O quanto antes um canal de diálogo for aberto, melhor será para todos. Sinalize que a separação é do casal – e aqui não importa se é uma relação heterossexual ou homossexual – e que continuam amando os filhos do mesmo jeito, apesar de não morarem mais juntos.

É um erro achar que você vai preservar o seu filho se não falar! Ele vai perceber que alguma coisa está acontecendo e, por não saber o que é, pode ter aumentadas sua ansiedade e angústia. Conversar não significa entrar em detalhes sobre os motivos da separação, isso faz parte da intimidade do casal, mas falar o que cabe ao filho nesse processo todo.

A importância do diálogo

Uma separação em que os filhos não sabem o que está acontecendo pode fazer com que eles, principalmente os menores, comecem a ter comportamentos regressivos; com que, passado um tempo, achem que os pais podem voltar a morar juntos; e, entre 5 e 6 anos, se não esclarecida a situação, podem até mesmo se sentir culpados, achando que foram eles que provocaram as brigas entre seus pais.

A melhor maneira de amenizar tanto desgaste é estabelecer uma boa qualidade de relação entre vocês, não criando ansiedade desnecessária na criança. É ter habilidade para lidar com o sofrimento natural do filho e construir todo esse processo com clareza. O resultado vai ser melhor para todo mundo.

O que é importante evitar:
- Culpar um ou outro pela separação; se vitimizar.

- Dizer que o outro "arrumou" outra pessoa e "não gosta mais da gente!".
- Dar ao outro uma conotação negativa, como se tudo de ruim fosse culpa dele.
- Colocar a criança no centro da disputa nas dificuldades da separação.

O que é importante lembrar:
- Que agora a criança vai ter duas casas para passear.
- Que terá outros lugares para passar as férias.
- Que vai ganhar novos amiguinhos.
- Que poderá ter outros irmãos.
- E tudo isso sem perder em nada o amor dos dois.

Se a separação for por falecimento, não esconda da criança, apesar de todo o sofrimento que a perda de uma pessoa querida pode causar. É natural que ela, nessas horas, queira substituir a pessoa ausente, sentindo-se responsável por quem está presente – é muito comum de acontecer com o menino, quando da morte do pai.

O novo namorado da mãe / a nova namorada do pai

Se a situação da separação for bem administrada desde o início – colocando-se a possibilidade de eventualmente o pai ou mãe encontrarem outro(a) parceiro(a), namorarem e morarem juntos com essa pessoa –, quando chegar a hora vai ser bem mais fácil. A criança tenderá a acolher com mais facilidade os novos companheiros dos seus pais.

Se o filho já tiver uma idade em que possa compreender, converse com ele e explique que o mesmo pode acontecer com ele no futuro, que poderá namorar algumas vezes, terminar outras, e assim ir seguindo, até conhecer alguém com quem vai querer passar a vida toda junto. E, se não der, vai querer tentar de novo, sempre desejando ser feliz.

O que não cabe é passar para a criança, por exemplo, que "a nova namorada do papai veio para substituir a mamãe". Ou que "o novo namorado da mamãe agora vai ser o seu paizão". O lugar, o carinho e o amor dos dois têm de estar garantidos.

O novo namorado do pai / a nova namorada da mãe

Por maior que seja a abertura que se tem na educação dos pequenos, essa é uma situação delicada. Não só porque a sociedade ainda é preconceituosa em relação à homossexualidade, mas pelo cuidado que se deve ter em não expor a criança com o relacionamento dos seus pais – apesar do direito que eles têm de reconstruir suas vidas da maneira que os fizer mais felizes.

Pai e mãe que têm namorados do mesmo sexo certamente sabem como conversar com os filhos. Até porque eles próprios já devem ter passado por situações bem embaraçosas. Procure conversar aos poucos, se essa for sua decisão, para que seu filho tenha uma visão mais ampla da história.

Caso não consiga falar, a criança aos poucos vai perceber que aquele "amigo" do papai ou aquela "amiga" da mamãe são mais que amigos e que há um carinho especial entre eles. E vai entender que seu pai ou sua mãe são "diferentes" dos pais dos amiguinhos, e que nem por isso são menos responsáveis, menos dignos como pessoas ou os ama menos.

Possivelmente, ele vai ser motivo de brincadeiras maldosas ou de chacotas de alguns colegas, mas certamente vai estar fortalecido e saberá "tirar de letra" isso tudo e até ensinar aos colegas que devem respeitar as pessoas, independente do que sejam, façam ou pensem em sua intimidade ou fora dela. Mas se a situação chegar ao extremo, que os pais tomem providências para proteger o filho e exigir respeito.

E é importante ressaltar: o fato de crianças terem pais e mães homossexuais não significa que terão uma orientação homossexual também. Se não, os pais de pessoas homossexuais não seriam heterossexuais, não é mesmo?

Foto: Freepik

CAPÍTULO 12

Contratempos da educação

Por uma educação responsável

Uma das principais dificuldades para os pais é compreender que o filho pode fazer coisas que os desapontem ou os deixem surpresos, provocando o real questionamento de "como meu filho foi capaz de fazer isso?".

Os responsáveis precisam estar atentos à educação dos filhos, ensinando sempre o senso de responsabilidade, de limite e de ética, visando a desenvolver neles a criticidade e o respeito às pessoas, independentemente de raça, origem, orientação sexual e classe social.

Quando passamos esses valores para os pequenos e acompanhamos sua vida de perto – querendo saber com quem andam e para onde vão –, estamos exercendo autoridade (que é muito diferente de autoritarismo) e impondo os limites necessários para que amanhã tenhamos um cidadão de bem.

Uma criança que aprende a diferença entre o *sim* e o *não* – e sabe a hora exata de usá-los – certamente terá melhores condições de se proteger em alguma situação difícil, incluindo algum contratempo que possa ocorrer quando nos referimos à sexualidade.

Mas não é só isso. É fundamental educar os filhos para que tenham autonomia e saibam se virar sem a presença dos pais. Um filho dependente é aquele que terá sérias dificuldades de caminhar com as próprias pernas e de estabelecer relações sociais, profissionais, de amizade ou namoro.

Esse equilíbrio de saber até onde ir, o que é permitido ou proibido, o que deve ser negociado e o que não pode... Saber dosar é difícil, sim! O filho não vem com bula ou manual de instruções! Não há receitas; é a vivência do dia a dia que vai dar aos pais a sabedoria para educá-lo, dentro da realidade e da crença que cada família traz.

Limites necessários

É importante que o filho cresça com limites claros sobre o que pode ou não pode fazer, especialmente sobre aquilo que ele não deve fazer de forma alguma. Ele precisa saber que o mundo não gira em torno do próprio umbigo. Não estou me referindo a uma educação rígida, mas à responsabilidade de que estamos falando neste livro até aqui e que reforço mais uma vez.

Um garoto que cresce sem ter limites muito definidos, ao iniciar a vida sexual, por exemplo, pode não saber lidar com a situação se engravidar a namorada e acabar colocando a culpa nela por não ter se prevenido; ou, não tendo para onde correr, transferir a responsabilidade de cuidar do filho aos avós da criança. Ou a garota que, para não perder o namorado, que considera que usar camisinha é "transar com o pênis encapado", acaba atendendo a um "capricho" e não exigindo a camisinha do garoto ou não usando a feminina, correndo o risco de uma gravidez não planejada ou de se infectar com uma IST como a aids.

Sem limites, terão dificuldades de ouvir uma negativa. Ao começarem a receber os diversos "nãos" que o dia a dia nos impõe, vão fazer o quê?

Educar é um gesto de amor. Amar o filho é ter firmeza quando necessário, ser responsável dizendo "não" quando necessário e, na hora certa, saber parar para conversar. Essas atitudes serão importantes aprendizados para uma situação-limite ou para quando for preciso lidar melhor com uma frustração.

Educação: você protege, ensina, orienta e prepara para a vida

É preciso desenvolver alguns princípios para a educação dos filhos, tais como:

- Não pode bater nos amigos.
- Não pode desrespeitar as pessoas.
- Não pode humilhar as pessoas.
- Não pode desrespeitar as leis.
- Não pode trazer para casa o que não é seu, mesmo que seja a borracha ou o lápis do colega.
- Não pode inventar coisas sobre as pessoas (*fake news*).
- Não pode ser injusto com as pessoas.
- Não pode ser preconceituoso nem discriminar quem quer que seja.
- Não pode usar drogas.
- Não pode faltar às aulas.

Esses são alguns princípios que vão trazer benefícios para toda a vida e, em particular, em momentos importantes da sexualidade, principalmente quando for preciso estabelecer os limites e querer dizer "não".

Na adolescência, quando o filho vai muito pela "cabeça dos amigos", esses ensinamentos aprendidos desde criança vão fazer com que ele tenha uma outra atitude e saiba separar o joio do trigo. E, quando disser "sim", dirá porque quer, porque sabe o que está fazendo, não indo pelo que o outro quer mas ele não tem certeza.

É uma oportunidade para desenvolver valores como:

- Respeito por si mesmo e pelo outro.
- Ser contrário a atitudes que possam ser danosas à outra pessoa, como preconceito e discriminação.

Outras dicas:
- Possibilite sempre a informação. Quem é informado é muito mais livre. Mesmo sem saber, talvez esta seja uma rica

oportunidade de aprenderem juntos e de se aproximarem mais: quando ele perceber que os pais não são super-heróis e não têm que saber tudo.
- Desenvolva o senso crítico, a reflexão e o pensar, para que o filho cresça com um comportamento capaz de tomar decisões e de fazer escolhas mais assertivas.
- Sempre que possível, diga que sexo é algo prazeroso e que faz muito bem para as pessoas adultas.

A educação sexual não acontece de forma independente da educação cotidiana que você dá ao seu filho. Então, se a sua família constrói esses princípios e valores que acabamos de falar, na hora do sexo, vamos ter adultos mais responsáveis e respeitosos, sabendo que todo encontro precisa ser consensual.

Contratempos

Quando os contratempos acontecem, os pais não podem fazer como um avestruz e fingir que é na casa do vizinho. De nada resolve. O primeiro passo é encarar de frente o fato de que os problemas também podem acontecer na nossa casa, e de que os filhos crescem e podem trazer alguns aborrecimentos que contrariam a educação dada a eles.

Não podemos enxergar os filhos adolescentes como eternas crianças, e os pais precisam aceitar que a infância deles foi muito diferente da de seus filhos agora, porque as oportunidades atuais são outras. Então, uma criança de 8 ou 10 anos tem informações que, no passado, era algo impensável.

Por isso, dois passos importantes são:

1. Conversar: o diálogo é o ponto-chave. Procure estabelecer essa relação verdadeira, em que vocês possam conversar sobre qualquer coisa que estiver acontecendo.
2. Estabelecer confiança: o vínculo de confiança é muito importante para a relação dos pais com a criança e o adolescente.

Quando se confia, fica mais fácil dividir uma dificuldade ou um problema. Esse vínculo se constrói muito mais nas atitudes. Uma ação muitas vezes vale mais que mil palavras.

Como lidar

Drogas

O uso de drogas não é uma realidade direta para as crianças; ainda assim, não podemos esperar a adolescência chegar para só aí começar a prevenção. Assim como a conversa sobre sexo, esse assunto também pode começar desde cedo. Você não precisa falar diretamente sobre drogas, mas dos cuidados que todos nós devemos ter com a saúde, que o filho não deve aceitar nada de quem ele não conhece, etc. Quando surgir em casa um comentário, imagem ou vídeo que reporte a cigarro ou bebida alcóolica, você pode fazer um simples comentário; não precisa ser uma aula, mas já é o começo de uma conversa.

Quando os limites são estabelecidos desde cedo, seu filho amanhã saberá em que terreno estará pisando e terá a consciência de que nem tudo pode ser como era na infância, quando dizia "eu quero!". Ressalte que ele terá de arcar com as responsabilidades e implicações de tudo o que fizer, que não poderá fazer "besteira", achando que os pais vão salvá-lo depois.

Internet

Mesmo sendo de utilidade ímpar, nem sempre a internet é utilizada para o bem. Por isso, os pais precisam ficar atentos às páginas que os filhos acessam e àquilo que eles fazem a partir dessa telinha tão importante – mas, algumas vezes, tão perigosa.

Então é fundamental educar os filhos para se relacionar com o meio digital. Além de as crianças estarem cada vez mais cedo "conectadas", o acesso também está mais fácil, por meio de computador, tablet e celular – este último representando uma dificuldade maior de controle por parte dos pais.

A internet possibilita que o mundo venha a seu filho sem que ele saia de casa. E é a essa invasão com a qual precisamos estar alertas e estabelecer algumas regras. Não são raros os casos de pedofilia, de *fake news*, de garotos que aproveitam da intimidade com a namorada para colocar nas redes vídeos íntimos do casal ou de postagens que fazem a vítima de refém.

E sobre isso não podemos deixar de falar: *cyberbullying*.

"Marcos, não é muito cedo pra isso?", perguntou-me um pai durante uma palestra. Como comentamos, a conversa precisa ser adaptada à realidade de cada família, à idade do filho e à situação.

O *cyberbullying* é a prática do *bullying* em ambientes virtuais. Cada dia mais frequente, expõe pessoas e pode, com isso, causar transtornos psicológicos (como ansiedade, depressão, traumas, etc.) e, até mesmo, transtornos físicos (quando a vítima se agride, se automutila, machucando os braços ou outras partes do corpo com uma lâmina, por exemplo). É comum inclusive que a vítima queira ficar em casa para se "esconder do mundo".

Segundo a psicóloga carioca Sheila Reis,

> o *cyberbullying* é a prática repetitiva, com intenção de assustar ou envergonhar alguém, por meio das tecnologias digitais. Essa pessoa que sofre o *cyberbullying* torna-se vítima de outra ou de um grupo. As mensagens podem conter conteúdos violentos, ameaçadores, humilhantes, constrangedores, sexuais implícitos, hostis, de intolerância contra questões de gênero ou contra minorias sexuais. Podem também conter imagens que causem dano(s) à vítima. Trata-se de outra violência cometida *on-line*. Todas essas práticas, utilizando-se indevidamente das redes (Reis, 2022, p. 274).

A cada dia aparece uma "modalidade" para a ação de crimes virtuais. Um exemplo recente é o que ocorreu no Discord, aplicativo popular entre os adolescentes que permite que as pessoas se comuniquem em transmissões ao vivo de vídeo. Criminosos levaram jovens a cumprir tarefas ou "desafios" e, quando não aceitavam, eram ameaçados com o vazamento de fotos íntimas.

Se um aplicativo é usado por adolescentes, a orientação precisa vir antes do acesso, para que se faça um uso responsável. E é preciso que todos tomem conhecimento de que uma "brincadeira", vingança ou exposição de outra pessoa, independentemente do motivo, configura-se como *crime*. Vale ressaltar que a partir dos 12 anos o próprio adolescente responde perante a lei. A responsabilidade penal não se transfere para os pais.

Cada família, dentro da sua realidade, pode criar regras para a internet em casa, até perceber que a criança está sabendo usar a internet e tem clareza de todos os limites. Algumas sugestões:

- Ter um horário para navegar na internet.
- Usar a internet somente após fazer os deveres do colégio, a não ser que vá utilizá-la para pesquisas escolares.
- De vez em quando, dar uma "espiada" para ver o que o filho está fazendo.
- Buscar saber se não está conversando com pessoas estranhas. Em caso positivo, procure saber quem é, onde conheceu e sobre o que conversam. Isso não é invasão de privacidade, são cuidados que você deve ter com seus filhos pequenos.

Bullying

Fora do ambiente virtual, vamos falar de *bullying*. Sem tradução em português, é uma expressão utilizada para qualificar comportamentos agressivos – físicos, psicológicos (de intimidação) –, praticados principalmente no ambiente escolar, mas não exclusivamente.

A violência cometida – física ou não – é intencional e repetitiva, e, se na maioria das vezes os meninos são os principais agressores, as meninas também praticam *bullying* com suas colegas.

Esse comportamento, que não parte de nada que o justifique, naturaliza a lei do mais forte sobre o mais frágil, como uma forma de poder, intimidação, humilhação e uso do outro (por exemplo, quando o agressor obriga a vítima a pagar o lanche na cantina da escola, amedrontando-a).

Mas quem são as vítimas dos *bullies* (agressores)? Geralmente crianças que destoam do grupo, isto é, são tímidas, introspectivas, *nerds*, muito magras; ou são de credo, raça ou orientação sexual diferente, etc. Esse fato por si só já as torna mais vulneráveis.

Não há justificativas plausíveis para a escolha, mas certamente os alvos são aqueles que não conseguem fazer frente às agressões sofridas.

Segundo a Cartilha 2010: Projeto Justiça nas Escolas, do Conselho Nacional de Justiça (CNJ), as formas de *bullying* são:

- Verbal (insultar, ofender, falar mal, colocar apelidos pejorativos, "zoar")
- Física e material (bater, empurrar, beliscar, roubar, furtar ou destruir pertences da vítima)
- Psicológica e moral (humilhar, excluir, discriminar, chantagear, intimidar, difamar)
- Sexual (abusar, violentar, assediar, insinuar)
- Virtual ou *cyberbullying* (*bullying* realizado por meio de ferramentas tecnológicas: celulares, filmadoras, internet etc.) (SILVA, 2010, p. 7).

Acreditamos que esse comportamento tem suas bases na infância e sofra influências da sociedade, da família e até mesmo da escola, facilitando seu desenvolvimento. Com isso, queremos dizer que essa agressividade acontece por alguma dificuldade de relacionamento, por algum transtorno ou distúrbio de personalidade, somados à influência desses meios.

Enquanto quem sofre a agressão geralmente prefere fazê-lo em silêncio, aquele que agride, apesar do comportamento, nem sempre tem muita consciência de por que está se comportando daquele jeito.

Por que nem sempre é fácil identificar um caso de *bullying*?

Porque geralmente a) é praticado em lugares onde não há um responsável por perto, e b) quem sofre a agressão dificilmente fala para um professor ou responsável, com medo de represália.

Mas o responsável – ou mesmo a escola – pode perceber que há algo de estranho acontecendo, porque a criança muda repentinamente de comportamento:

- Passa a não querer ir para a escola.
- Quando vai, não gosta de ir sozinha.
- Se é uma criança alegre, fica quieta, assustando-se à toa, deprimida e passa a ter pesadelos.
- Começa a piorar seu desempenho na escola.

É importante que os pais fiquem sempre atentos e que conversem em casa sobre *bullying*. Assim, fortalecem os filhos para conseguirem contar quando algo desse tipo acontece ou para avisar ao professor ou à direção da escola, que deverá tomar providências.

Também os professores devem conversar sobre o tema na escola, reforçando para as crianças que elas não precisam ter medo, que podem contar para alguém de confiança se estiverem passando por algo parecido.

REFERÊNCIAS

ACB TEATRAL. *Mamãe, como eu nasci?* Roteiro, texto e diálogos (a partir de livro homônimo de Marcos Ribeiro): Fátima Valença. História, concepção e direção: Antonio Carlos Bernardes. [*S.l.*]: [*s.n.*], [s.d.]. Cenas 1 e 2.

ANDRADE SILVA, Maria do Carmo de. Identidade pessoal e de gênero – papel de gênero – orientação sexual e atividade sexual. *In*: RIBEIRO, Marcos (Org.). *A conversa sobre gênero na escola: aspectos conceituais e políticos-pedagógicos*. Rio de Janeiro: Wak, 2019. p. 31-47.

BETTO, Frei. Prefácio. *In*: RIBEIRO, Marcos. *Sexo sem mistério*. São Paulo: Saraiva, 1996. p. 15-16.

COSTA, Carmen Maria Soares da. *A importância do afeto através do toque no desenvolvimento cognitivo dos bebês*. 2006. 71 f. Monografia (Pós-Graduação Lato Sensu em Psicopedagogia) – Instituto A Voz do Mestre, Universidade Candido Mendes, Rio de Janeiro, 2006. Disponível em: https://silo.tips/download/a-importancia-do-afeto-atraves-do-toque-no-desenvolvimento-cognitivo-dos-bebes-p. Acesso em: 07 jul. 2023.

EGYPTO, Carlos (Org.). *Orientação sexual na escola: um projeto apaixonante*. São Paulo: Cortez, 2003.

KELLY, Gary F. *Sexuality Today: The Human Perspective*. 7. ed. Texas: McGraw-Hill, 2003.

LEGO incluía lição de igualdade de gênero em suas caixas de brinquedo na década de 70. *O Globo*, 24 nov. 2014. Disponível em: https://oglobo.globo.com/brasil/lego-incluia-licao-de-igualdade-de-genero-em-suas-caixas-de-brinquedo-na-decada-de-70-14646872. Acesso em: 12 jun. 2023.

MALDONADO, Maria Tereza. *Psicologia da gravidez*. 12. ed. Petrópolis: Vozes, 1991.

NOLTE, Dorothy Law; HARRIS, Rachel. *As crianças aprendem o que vivenciam: o poder do exemplo dos pais na educação dos filhos*. Rio de Janeiro: Sextante, 2009.

OLIVEIRA, Elaine Martins de *et al*. Da sensualidade à sexualidade: uma interferência pedagógica frente aos preceitos impostos pela mídia. *Athena*, v. 10, n. 10. jan./jun. 2008, p. 14. Disponível em: https://docplayer.com.br/25195320-Athena-revista-cientifica-de-educacao-unidade-de-ensino-superior-expoente.html. Acesso em: 17 jun. 2023.

PLAN INTERNATIONAL BRASIL. *Por ser menina no Brasil: crescendo entre direitos e violências*. São Paulo: Plan International Brasil, 2014. Resumo executivo. 30 p. Disponível em: https://plan.org.br/wp-content/uploads/2018/12/por_ser_menina_resumoexecutivo-2014-impressao.pdf. Acesso em: 12 jun. 2023.

REIS, Sheila. Intimidade virtual. *In*: RIBEIRO, Marcos (Org). *A conversa sobre sexualidade do adolescente na escola*. Rio de Janeiro: Wak, 2022. p. 269-280.

RIBEIRO, Marcos. *Menino brinca de boneca?* Ilustrações de Isabel de Paiva. 3. ed., rev., reform. São Paulo: Moderna, 2011.

SILVA, Ana Beatriz Barbosa. *Bullying: Cartilha 2010 – Projeto Justiça nas Escolas*. Brasília/DF: Conselho Nacional de Justiça, 2010. Disponível em: https://crianca.mppr.mp.br/arquivos/File/publi/cnj/cartilha_bullying.pdf. Acesso em: 01 jul. 2023.

SOBRE O NOSSO trabalho para alcançar os Objetivos de Desenvolvimento Sustentável no Brasil. *Nações Unidas Brasil*, [s.d.]. Disponível em: https://brasil.un.org/pt-br/sdgs. Acesso em: 07 jul. 2023.

SUPLICY, Marta. *Conversando sobre sexo*. 14. ed. São Paulo: Ática, 1983.

AGRADECIMENTOS

A Rejane Santos, a Cecília Martins, a Alberto Bittencourt e a toda a equipe da Autêntica Editora por contribuírem, cada um na sua função, para o sonho e aprendizado de tanta gente por meio das ideias em forma de livros.

E a Débora Guterman, minha agente literária, pela parceria nessa caminhada.

SOBRE O AUTOR

MARCOS RIBEIRO é educador e mestre em Educação Sexual (Unesp), com pós-graduação em Educação e Desenvolvimento Infantil e em Sexualidade (UCAM/AVM). É autor de mais de vinte livros e quase duas centenas de artigos publicados em revistas científicas e em veículos de comunicação. Entre suas obras para o público infantojuvenil, estão *Mamãe, como eu nasci?*; *Menino brinca de boneca?*; *Somos iguais mesmo sendo diferentes!*; e *Quem disse que eu não vou conseguir?*. Como organizador e coautor de obras voltadas para professores, participou de *A conversa sobre gênero na escola*; *A conversa sobre sexualidade na escola*; e *A conversa sobre sexualidade do adolescente na escola* – as duas últimas premiadas com o Troféu Literatura Clarice Lispector como melhor livro na área de educação (2021) e melhor livro didático (2022), respectivamente.

Pesquisador, palestrante e consultor, é integrante do grupo de pesquisa em Educação e Diversidade da Universidade Estadual do Paraná (GPED/UNESPAR), além de consultor pontual em sexualidade, com trabalhos realizados para a Unesco, Fundação Roberto Marinho, Canal Futura, ministérios da Educação, da Defesa e da Saúde, Johns Hopkins University e secretarias de educação e saúde de diversas cidades brasileiras.

Seu livro *Mamãe, como eu nasci?* foi adaptado para o teatro e *Menino brinca de boneca?* para um seriado de televisão em Cabo Verde, como parte do projeto Saúde Escolar, desenvolvido em cooperação com o Ministério da Educação de Luxemburgo.

É colaborador frequente de programas de rádio e TV – já tendo sido colunista de um quadro sobre sexo na Rádio Globo e na TV Educativa –, e de revistas e jornais, assinando colunas em diferentes veículos.

Em sua trajetória profissional, foi presidente de alguns eventos, embaixador de dois congressos internacionais (em Punta Cana,

República Dominicana, e em Campinas, São Paulo) e recebeu mais de uma dezena de prêmios e homenagens, entre eles, os prêmios Monteiro Lobato, da Academia Brasileira de Letras, o Troféu Literatura Clarice Lispector e a Medalha Tiradentes, maior comenda entregue a uma personalidade pelo Poder Legislativo do estado do Rio de Janeiro.

***

Para consultoria, palestras, cursos on-line ou presenciais entre em contato:

Site: www.marcosribeiro.com.br
E-mail: marcosribeiro@marcosribeiro.com.br
Instagram: @educadormarcosribeiro

Este livro foi composto com tipografia Adobe Garamond Pro
e impresso em papel Off-White 80g/m² na Formato Artes Gráficas.